कुछ अनकहे एहसास

(काव्य संग्रह)

डॉ. सोनिया गुप्ता

परम पूज्यनीय पिताश्री (गोलोकवासी)
को सादर समर्पित

जीवन मिला है तुमसे, ये बात कैसे भूलूँ
उस नेह के झूले में, मैं अब तलक भी झूलूँ
जो तुम न होते पापा, मैं भी न कुछ भी होती
तुम सामने आ जाओ, पावन चरण मैं छू लूँ

क्रम-सूची

क्रम-सूची

क्रम-सूची

भूमिका

सम्वेदनात्मकता को स्पर्श करती कविताएं

❧❧❧❧

"कुछ अनकहे एहसास" कवयित्री डॉ. सोनिया गुप्ता जी का चौथा व्यक्तिगत हिंदी काव्य संग्रह है । इससे पहले इनके दो काव्य संग्रह और एक ग़ज़ल संग्रह क्रमशः जिंदगी गुलज़ार है ,उम्मीद का दिया और कभी जलते कभी बुझतेचिराग प्रकाशित हो चुके हैं।

"कुछ अनकहे एहसास" में संग्रहित सभी कविताएँ छन्द मुक्त विधा में लिखी गई हैं । छन्द मुक्त रचनाओं की सबसेसौम्य विशेषता है, खुले परिंदों की तरह अपने विचारों की उड़ान भरकर एक ऐसी रचना का सृजन करना जो बिना किसीस्वर या लय के ही मधुर तान बनकर पढ़ने वाले के हृदय को छू लेती है । ऐसा कहा जा सकता है कि आज सिर्फ हिंदी ही नहीं बल्कि अन्य भारतीय भाषाओं सहित लगभग दुनिया की तमाम भाषाओं में कविता को छन्द मुक्त विधान में लिखने का चलन बढ़ा है और आज पाठक भी ऐसी कविताओं को पढ़ने के लिए उत्सुक रहता है । इसका एक कारण यह भी हैकि लंबे समय तक कविता "सुने जाने " के एक सशक्त माध्यम के रूप में स्वीकार की जाती रही थी, जो आज मुद्रित रुपमें पढ़े जाने के लिए भी उतनी ही स्वीकार्य हो गई है। दर असल छन्द मुक्त का अर्थ यह कभी नहीं रहा कि छन्द का सौफीसदी त्याग कर दिया जाये बल्कि इसका अर्थ यह रहा कि छन्द के बने बनाये फॉर्मेट से अलग एक नया प्रयोग कियाजाये जो इसकी पारम्परिक पद्धति से अलग हो, अथार्त कविता के भाव और भाषा के बीच एक ऐसा सेतु हो जो इसकेसमग्र प्रभाव को सामने लाने का प्रयत्न कर सके । अब यह पूछा जा सकता है कि

यह समग्र प्रभाव क्या है? इसके उत्तरके लिए अज्ञेय जी की इन पंक्तियों को देखा जाना चाहिये, जहाँ उन्होनें यह कहा था कि छन्द का मुख्य तत्व "लय"होताहै । बकौल अज्ञेय जी "लय का प्रभाव यह होता है कि भावों को व्यक्त करने की जो गति है,लय उसे धीमा करती है औरयह धीमा करना अपने आप में एक अनुशासन है । यानी जो अनुशासन छन्द से मिलता था तो जब उसे हमने छोड़ा तो ऐसा नहीं हुआ कि हमारी स्थिति लय रहित हो गई बल्कि हुआ यह कि एक तरह के अनुशासन के बदले दूसरे तरह का अनुशासन हमने रखा,वह है भावों का अनुशासन । जहाँ यह नहीं है, वहाँ कविता नहीं है, फिर चाहे कितना भी बढियाविचार वहाँ हो"।अत: यह कहा जा सकता है कि कविता में प्रस्तुत भाव का आशय कविता की विषय वस्तु को शब्दों में पिरो कर सामनेलाने वाले उस तत्व से है जो उसे पठनीय बनाते हैं या दूसरे शब्दों में कहें तो पाठकों को पढ़ने के लिए विवश करते हैं । कुछ आलोचकों को ऐसा कहते अक्सर सुना जाता है कि आज कविताओं के सामने जो सबसे बड़ा संकट है,वह है अपने लिए पाठकों को जुटाना, बेशक़ इस बात को किसी हद तक ज़रुर स्वीकार किया जा सकता है पर इसके साथ साथ यह बात भी पूरी शिद्दत से स्वीकार की जानी चाहिए कि कविता का कभी अवसान हो ही नहीं सकता है । कविता और जीवन का रिश्ता कुछ ऐसा है कि मानो एक के बिना दूसरे की कल्पना की ही नहीं जा सकती है । प्रेम है तो कविता है,पीड़ा है तो कविता है, खुशी है तो कविता है, अवसाद है तो कविता है, अथार्त कहने का अर्थ यह है कि कविता का फलक इतना व्यापक है कि उसमें जीवन के तमाम रंगों को समेटा जा सकता है ।

डॉ. सोनिया गुप्ता पेशे से एक चिकित्सक हैं । जाहिर है चारागिरी उनकी फितरत में शामिल है और शायद यही वज़ह हैकि इनकी कविताओं को पढ़ते वक़्त ऐसा लगता है मानों दिल के कोमल से रेशे को संवेदनाएँ बार बार दस्तक दे रही हों । ऐसा कहते हैं कि सच्ची कविता एक प्रतिध्वनि होती है । हमारे अनुभवों,हमारे भावों,हमारी स्मृतियों और हमारीकल्पनाओं की मिश्रित प्रतिध्वनि जिसकी आहटों को एक कविमन सुनने की सामर्थ्य

रखता है और फिर उसे शब्दों मेंपिरो देता है । दरअसल कविता का रास्ता आसान नहीं होता है और जो आसान हो वह कविता का रास्ता नहीं हो सकताहै । डॉ. सोनिया गुप्ता के इस संग्रह की कविताएं जिंदगी की आसान राहों से गुजरती हुई प्रतीत नहीं होतीं । कवयित्री केशब्द ऐसा एहसास कराते हैं मानों कोई दृश्य श्रव्य माध्यम के सहारे अपने मनोभावों को परोस रहा हो, जहाँ आत्मीयताका स्पर्श यादों की गठरी को बार बार खोलने की कोशिश कर रहा हो । संग्रह की कुछ कविताओं को बानगी के रूप मेंदेखा जा सकता है ।

❧❧❧

तुम्हें याद है
वो गुलाब
जो तुमने पहली बार दिया था मुझे मेरे जन्म दिन पर
तुम मायूस से होकर बोले
मै गुलदस्ता तो नहीं ला सका तुम्हारे लिए
बस यही एक गुलाब लाया हूँ/पर वो सिर्फ गुलाब नहीं था एक अनकहा एहसास था/

❧❧❧

नैना रूठ गए
आब सूख गए
पर कहीं से
नज़र नहीं आया
मेरा चाँद /

❧❧❧

ये दिवार पर टंगी
तुम्हारी तस्वीर
उस पर चढ़ा ये हार

इसमें तुम्हारे चेहरे की मुस्कान
आज भी देखते ऐसा लगता/मानो अभी बाहर निकल आओगे तुम
और अपनी मुस्कुराहट से
सारे घर में उजाला ले आओगे/

और तुमने जोर से मुझे पूछा/चाय इतनी अच्छी लगी
कि सारा नमक ही पी लिया
और मैने तुम्हारे काँधे पर सर रख दिया
अरे जब तुमने बनाई तो
नमक क्या?
ज़हर में भी मिश्री घूल जाये
आज भी याद आती है मुझे वो चाय /

इसमें तुम्हारे चेहरे की मुस्कान

ये आईना
मैं रोज निहारती हूँ इसे
पर कितना अजीब है देखो
मुझे इसमें अपनी सूरत नहीं/तुम्हारी ही झलक नज़र आती है /

तुम तो हर पल
हाथ थामे मेरा/मेरे
साथ रहते हो
चाहे दिखाई नहीं देते
पर मेरे अन्तर्मन की खिड़कियाँ
तुम्हे देख लेती हैं रोज /

इस संग्रह की ऐसी तमाम कविताएं कवयित्री की अनुभूतियों का बिंब प्रस्तुत करने में सफल रही हैं । सच कहा जाये तोइन सभी कविताओं में कवयित्री का मन सहज प्रेम की अनगिनत सिलवटों में लिपटा हुआ न जाने ऐसी कितनी यादों कोटटोलने में सफल रहा है जिसकी उससे अपेक्षा की गई थी। इन कविताओं को पढ़ कर ऐसा लगता है जैसे कोई व्याकुलमन जिन्दगी में उपहार के रुप में मिले एक एक पल को पकड़ कर जी लेना चाहता है।

डॉ. सोनिया की कविताओं की एक और खास बात जो मैने महसूस की है वो यह कि इनके शब्दों की संवेदनशीलता औरउसमें खुदबखुद आ गई सम्वेदनात्मक्ता, हर बार एहसासात का एक नया कलेवर ओढ़ लेती है, जो पाठक को बरबस हीअपनी ओर आकर्षित कर लेने की क्षम|ता रखती है । लगभग सभी कविताएं सहज सम्प्रेष्य हैं जहाँ कवयित्री ने "प्रेम"कोएक ऐसे भाषिक बुनावट में प्रस्तुत किया है कि उसकी अभिव्यक्तियों में अद्भुत भाव के विविध रंग अपनी छटा बिखेरने कोतत्पर दिखते हैं । प्रेम के प्रति उनका यह नजरिया या यों कहें कि उनकी संवेदना इतनी उर्वर है कि उनको पढ़ते हुएएकबारगी ऐसा लगने लगता है कि प्रेम की तासीर वाकई अद्भुत होती है ।बेशक़ कवयित्री का यह प्रयास सराहनीय है कि उन्होनें इस कठिन काम को बड़ी ही सरलता से बखूबी कर दिखाया है।कहने का लब्बोलुआब यह है कि अपने चौथे काव्य संग्रह के साथ डॉ. सोनिया हिन्दी काव्य जगत के समक्ष अपनीअनुभूतियों का एक पूरी तरह से मुकम्मल दस्तावेज लेकर हाजिर हैं जिसका स्वागत किया जाना चाहिए । मुझे पूर्ण विश्वास है कि डॉ. सोनिया द्वारा रचित यह काव्य संग्रह भी उनके पुर्व प्रकाशित संग्रहों की तरह पाठकों को बेहद पसंद आएगा | मैं इनके इस प्रयास के लिए इनको हार्दिक शुभकामनाएं देता हूँ |

❧❧❧

- राजेश कुमार सिन्हा
   #10/33, एच आई जी फ्लैट्स, रेक्लेमेशन बांद्रा (वेस्ट), मुंबई-50
   मोबाइल :7506345031

प्रस्तावना

कुछ अनकहे एहसासों की ज़ुबानी

❧ ❧ ❧

प्रिय मित्रों !

मैं एक बार फिर अपना चौथा व्यक्तिगत हिंदी काव्य संग्रह; "कुछ अनकहे एहसास", लेकर आप सभी के समक्ष प्रस्तुत हुई हूँ । इससे पूर्व मेरे तीन व्यक्तिगत हिंदी काव्य संग्रह प्रकाशित हो चुके हैं, जिनमे से दो ("ज़िंदगी गुलज़ार है" और "उम्मीद का दीया") कविताओं का संकलन हैं और तीसरा ("कभी बुझते कभी जलते चिराग़") ग़ज़लों का संकलन है | मेरा यह संग्रह छंदमुक्त रचनाओं पर आधारित है |

काव्य जगत में छंदमुक्त रचनाओं का प्रचलन काफ़ी प्रसिद्ध हुआ है और इन कविताओं की एक अलग पहचान है | छंदमुक्त रचनाओं की सबसे सौम्य विशेषता है, खुले परिंदों की तरह अपने विचारों की उड़ान भरकर एक ऐसी रचना का निर्माण करना जो बिना किसी स्वर, लय या विधा के ही मधुर तान बनकर पढ़ने वाले के हृदय को छू लेती हैं | मेरे काव्य जगत की शुरुवात इन्हीं रचनाओं से हुई थी और आगे बढ़ते बढ़ते मैंने अनेक शिल्प बद्ध रचनाओं को सीखा जैसे गीतिका, ग़ज़ल, गीत, छंद, मुक्तक, दोहे, आदि | परन्तु छन्दमुक्त रचनाएं हमेशा मेरे हृदय के करीब रही हैं, जिनको मैंने कभी लिखना नहीं छोड़ा |

यह संग्रह मेरे परम् पूजनीय पिताश्री को समर्पित है, जो कुछ वर्ष पूर्व (अप्रैल 2019)इस नश्वर संसार को छोड़कर चले गए | वो गए ज़रूर हैं,

पर हमेशा हमारे साथ हैं, यादें बनकर और एक मार्गदर्शक बनकर आज भी वे मुझे प्रेरित करते हैं | इस पुस्तक में मैंने उन्हीं से जुड़ी स्मृतियों को एक भावपूर्ण रूप देने की चेष्टा की है |

कहते हैं, जब इंसान इस नश्वर संसार को छोड़कर जाने लगता है, तो उसे पहले से आभास होना शुरू हो जाता है और उसकी बातों और विचारों में वो एहसास छलकता है | मेरे पिताजी के साथ भी ऐसा ही कुछ हुआ था | जाने से पहले वे कुछ ऐसी बातें बोल गए जो हमें अचम्भित करती थी | और जब वे अचानक से हमें छोड़ कर चले गए, हमारे सामने अनेकों प्रश्न रख गए जिनके उत्तर शायद आज तक नहीं मिल पाए | उन्होंने सारा जीवन सादग़ी और सहजता में व्यतीत किया |

इन रचनाओं में मैंने अपनी माँ को कल्पना मानकर, एक प्रेयसी की अपने प्रिय के प्रति जुड़ी खट्टी मीठी यादों को उभारा है | जाने वाला इंसान चला जाता है, बस रह जाती हैं तो बातें और यादें |

लम्हे गुजर जाते हैं, पर यादें नहीं मिट पाती और यह मेरा खुद का अनुभव है, कि हमारे माता पिता सदैव हमारा हाथ थामे चलते रहते हैं, चाहे प्रत्यक्ष और अप्रत्यक्ष किसी भी रूप में | मैं आज भी जब कभी किसी दुविधा में होती हूँ, मेरे पापा मुझे सही रास्ता दिखाते हैं | मेरी माँ आज भी उनको अपने साथ महसूस करती हैं | मैं तीन महीने अस्पताल में दाखिल रही थी 2021 में, और मेरी माँ अकेली घर में रही, घर में काम भी चल रहा था, मज़दूर भी देखने और मेरी भी चिंता | मुझे भय रहता था कि वो कैसे रहेगी अकेली | पर वो बताती थी "तेरे पिताजी तो यहीं हैं, मेरे आस पास, और मुझे हर पल प्रेरित करते हैं, हिम्मत बँधाते हैं | उन्हीं के आशीष से आज हमारा घर भी बन गया और तुम भी स्वस्थ होकर लौट आई मेरे पास और उनमें मेरा विश्वास अब और भी बढ़ गया है, न मुझे कोई भय रहा अब, न चिंता" | ऐसी बहुत सी यादें हैं, बहुत किस्से हैं जो इस बात को साबित करते हैं कि वे हमेशा हमारे आस पास ही रहते हैं |

मेरे पापा की इतनी यादें हैं, उनके इतने उदाहरण हैं, कि यदि चाहूँ तो उनपर तो पूरा ग्रंथ ही लिख दूँ मैं | यदि माँ शारदे की कृपा रही तो मेरा यह स्वप्न भी अवश्य पूरा होगा एक दिन |

इन रचनाओं को पढ़कर आप सभी को एक ऐसे अध्भुत बंधन का आभास होगा, जिसमें दो लोग असीम प्रेम और निष्ठा से एक दूसरे से जुड़े हुए हैं | उनके जीवन के कुछ पल सुखद, तो कुछ पल दर्दमय स्मृति बनकर रह गए |

अधिक समय न लेते हुए, मैं यहीं विश्राम लेती हूँ और आशा करती हूँ कि आपको यह संग्रह बेहद पसंद आएगा और आप एक जीवंत साक्षात्कार से अनुग्रहित होंगे | एक विशेष अनुरोध है, यह केवल एक संग्रह नहीं, अपितु उस दिवंगत आत्मा के लिए श्रद्धांजलि सुमन अर्पण है | यदि कोई लिखने में त्रुटि रह गयी हो, तो कृपया उसे गंभीरता से न लें और मुझे क्षमा करें |

इसी विश्वास के साथ :

आपकी अपनी
डॉ. सोनिया गुप्ता

आभार

'आभार' एक छोटा सा शब्द है, परन्तु इसका अर्थ बहुत गहरा है । कहते हैं कि यदि हम किसी का आभार व्यक्त करते हैं, तो हम ईश्वर के समक्ष ही अपनी भावना प्रकट करते हैं । मेरा काव्य जगत का सफ़र बहुत ही अनोखा रहा है । एक दंत चिकित्स्क के साथ, मैं एक लेखिका / कवयित्री भी बनूंगी, यह कभी स्वप्न में भी नहीं सोचा था मैंने । मेरी इस उपलब्धि के पीछे अनेक लोगों का आशीष रहा है ।

सबसे प्रथम, मैं उस परम् पिता परमात्मा का आभार व्यक्त करती हूँ, जिसने मनुष्य जीवन देकर मुझे यह हुनर प्रदान किया जो शायद उसी का दिया एक अनुपम उपहार है । माँ सरस्वती की अपार कृपा मुझ पर रही, जिन्होंने मेरे साधारण से शब्दों को एक भाव रूपी माला में पिरो दिया।

मैं सौभाग्यशाली हूँ, जो मुझे ऐसे माता पिता मिले जिन्होंने मेरे हर सपने को साकार करने में मेरा साथ दिया । आज मेरे पिता इस नश्वर संसार में जीवित नहीं, पर उनकी सिखाई हर सीख आज भी एक दीपक के समान मेरे जीवन में प्रज्वलित रहती है । यह पुस्तक उन्हीं से जुड़ी स्मृतियों का एक चित्रण है । मेरी माँ एक ऐसी नारी है, जिसने अपना सारा जीवन सादगी और सहजता से व्यतीत किया और मुझे हर मोड़ पर सही रास्ता दिखाया। आप दोनों को मेरा कोटि कोटि नमन ।

शिक्षक, माता-पिता और ईश्वर के समान ही पूज्यनीय है । मेरे जीवन में हर एक उपलब्धि के पीछे भी मेरे शिक्षकों का आशीष रहा है। मैं उन सभी शिक्षकों का आभार व्यक्त करती हूँ, जिन्होंने मुझे जीवन की हर छोटी बड़ी सीख देकर मेरा मार्ग प्रशस्त किया।

मैं अपने साहित्यिक गुरुदेव परम् आदरणीय श्री 'लव कुमार 'प्रणय' जी को

सादर नमन करती हूँ जिनके आशीर्वाद से मैं काव्य जगत में एक पहचान बना सकी | उन सभी गुरुजनों को मेरा नमन, जिन्होंने मुझे निस्वार्थ भाव से काव्य की विभिन्न विधाओं में शिक्षित किया और मुझे इतना कुछ सिखाया जो शायद इस अल्पज्ञ के लिए सम्भव नहीं था।

मेरा विशेष आभार आदरणीय सर 'राजेश कुमार सिन्हा जी' को, जिन्होंने अपना कीमती समय निकालकर मेरी रचनाओं को पढ़ा और मार्गदर्शन किया, तथा इस पुस्तक की सुंदर सी भूमिका भी लिखी | आप एक अच्छे कवि और लेखक ही नहीं अपितु, एक अच्छे इंसान भी हैं, जो हमेशा दूसरों को प्रोत्साहित करते हैं | आप छंदमुक्त रचनाओं में विशेष निपुणता रखते हैं, आप से बेहतर कौन प्रेरित करता मुझे यह पुस्तक लिखने के लिए | आपका जितना आभार व्यक्त करूं, शायद कम होगा | आपको मेरा शत शत नमन सर।

मुझे ईश्वर ने ऐसे दो भाई दिए हैं जिन्होंने हर मोड़ पर मेरा प्रोत्साहन किया है । उनके स्नेह के लिए हृदय से बहुत बहुत आभार ।

अपनी पुस्तक के प्रकाशन हेतु मैं प्रकाशक "नोशन प्रेस" की हार्दिक आभारी हूँ जिन्होंने मुझे यह पुस्तक बनाने में प्रोत्साहित किया |

अंत में, मैं उन सभी का आभार प्रकट करती हूँ जिन्होंने प्रत्यक्ष और अप्रत्यक्ष रूप से मेरा प्रोत्साहन किया । आशा करती हूँ कि यह काव्य संग्रह सभी पाठकों को पसंद आएगा और इसको पढ़ने के बाद ये छंदमुक्त रचनाएं, एक जीवंत साक्षात्कार के रूप में पाठकों के हृदय को अवश्य स्पर्श करेंगी और मुझे पूर्व की भांति आपका स्नेह मिलेगा ।

डॉ. सोनिया गुप्ता

कवयित्री का परिचय

❧❧❧

नाम: डॉ. सोनिया गुप्ता

पिता का नाम: श्री देवेंद्र कुमार गुप्ता (बैकुण्ठवासी)

माता का नाम:निर्मल देवी

जन्म तिथि: 8.11.1982

शिक्षा: बी. डी. एस , एम. डी. एस

व्यवसाय: दंत चिकित्सक

लेखन प्रारम्भ: 2006

निपुण भाषाएँ: हिंदी, अंग्रेजी और पंजाबी

काव्य विधाओं में निपुणता:

कविता,कहानी,गीत, ग़ज़ल, गीतिका, दोहे, छंद, मुक्तक, वर्ण पिरामिड, क्षणिकाएँ, आलेख, आदि काव्य की विभिन्न विधाओं में लेखन |

❧❧❧

प्रकाशित व्यक्तिगत हिंदी पुस्तकें:

1. जिन्दगी गुलज़ार है (काव्य संग्रह) 2015

2. उम्मीद का दीया (काव्य संग्रह) 2015

3. कभी जलते कभी बुझते चिराग़ (ग़ज़ल संग्रह) 2022

❧❧❧

सांझा हिंदी संग्रह:

1. भारत की प्रतिभाशाली हिंदी कवियत्रियाँ (काव्य संग्रह) 2016

2. प्रेम काव्य सागर (काव्य संग्रह) 2016

3. अमलताश के शतदल (काव्य संग्रह) 2016

4. ढाई आखर प्रेम के (काव्य संग्रह) 2016

5. साहित्य सागर (काव्य संग्रह) 2016

6. विहग प्रीति के (काव्य संग्रह) 2016

7. दोहा कलश (दोहा संग्रह) 2017

8. आधी आबादी के दोहे (दोहा संग्रह) 2018

9. किसलय (काव्य संग्रह) 2018

10. चुनिन्दा लघुकथाएँ (लघु कथा संग्रह) 2018

अन्य प्रकाशित हिंदी रचनाएँ:
काव्य की विभिन्न विधाओं में रचनाएँ, देश विदेश के
अनेक समाचार पत्रों व पत्रिकाओं में प्रकाशित |

हिंदी साहित्य में प्राप्त सम्मान:

1. नारी गौरव सम्मान, (जे ऍम डी प्रकाशन, दिल्ली) 2016

2. प्रेम सागर सम्मान, (जे ऍम डी प्रकाशन, दिल्ली) 2016

3. साहित्य गौरव सम्मान (युवा उत्कर्ष साहित्य मंच, दिल्ली) 2016

4. वूमेन ऑफ़ द इयर सम्मान (गहमर सोसाइटी, गाजीपुर) 2016

5. युग सुरभि सम्मान (वॉयस प्रकाशन, जयपुर) 2016

6. हिंदी गौरव सम्मान (युवा उत्कर्ष साहित्य मंच, दिल्ली) 2017

7. काव्य रंगोली साहित्य भूषण सम्मान (काव्य रंगोली हिंदी साहित्य
पत्रिका, खमरिया) 2017

8. मुक्तक लोक भूषण सम्मान (मुक्तक लोक मंच, लखनऊ) 2017

9. पिरामिड शत-धनुष सम्मान (वर्ण पिरामिड मंच (दिल्ली) 2017

10. छंद शिल्पी सम्मान (कवितालोक, लखनऊ) 2018

11. मुक्तक लोक प्रेयसी सम्मान (मुक्तक लोक मंच, लखनऊ) 2018

12. काव्यार्ष सम्मान (काव्यांचल, लखनऊ) 2018

13. काव्य गोहर सम्मान (काव्यांचल, लखनऊ) 2018

14. कलम का सिपाही सम्मान (अमलताश के शतदल, गुरुग्राम) 2019

15. सरस्वती सम्मान (अमलताश के शतदल, गुरुग्राम) 2019

16. फेसबुक के मंचों पर आयोजित समारोह तथा प्रतियोगिताओं में अनेक सम्मान।

17. मातृभारती नेटवर्क पर कई प्रतियागोताओं में विजेता।

18. स्टोरी मिरर नेटवर्क पर आयोजित अनेक प्रतियोगिताओं में विजेता।

अन्य रुचियाँ :

संगीत, गायिकी, सिलाई, बुनाई, कढ़ाई, चित्रकारी, कुकिंग

अन्य उपलब्धियाँ :

1. अनेक काव्य गोष्ठियों में काव्य पाठ प्रतिभागिता (ऑनलाइन, ऑफलाइन)

2. अंग्रेजी भाषा में 10 व्यक्तिगत काव्य संग्रह और 50 से भी अधिक साँझा काव्य संग्रह प्रकाशित तथा अनेक साहित्यिक सम्मान प्राप्त।

2. इनकी अंग्रेजी की काव्य पुस्तकों में इनके स्वयं के बनाए स्केच और पेंटिंग्स शामिल हैं।

3. अनेक पेंटिंग्स को विभिन्न पत्रिकाओं के कवर पेज पर स्थान मिला।

4. 2012 में अपने कॉलेज में टी - शर्ट पेंटिंग में प्रथम पुरस्कार हासिल।

5. दंत विभाग से जुड़े कई आलेख राष्ट्रीय और अंतराष्ट्रीय स्तर पर प्रकाशित।

सम्पर्क:

वर्तमान / स्थायी पता: #95/3, आदर्श नगर, डेरा बस्सी, आदर्श नगर,जिला: मोहाली- पंजाब-1405

मोबाइल: 6280420736, 8054951990

ईमेल: Sonia.4840@gmail.com

फेसबुक आई डी:100004964983747@facebook.com

फेसबुक पेज; https://www.facebook.com/sonia4840

ब्लॉग :http://drsoniablogspot.blogspot.in/

यूट्यूब चैनल: https://www.youtube.com/channel/UCKF2jM5P8VDjZ9fBZLBTRH

इंस्टाग्राम आई डी:https://instagram.com/gdrsonia?igshid=YmMyMTA2M2Y=

कुछ
अनकहे
एहसास
काव्य संग्रह
डॉ. सोनिया गुप्ता

1. पहली बारिश

देख रहे हो क्या तुम?
ये बारिश की टपकती बूँदें?
इन्हीं बूंदों के साये में..
हम, तुम मिले थे,
अनजान से दो शख़्स,,

तुमने अपने कदम बढ़ाये
और मेरे करीब आये
नैन मेरे शरमाये
लब मेरे लड़खड़ाये,,

पहली मुलाकात में ही
बन गए हम अपने
नैन मेरे बुनने लगे सपने
तरंगे उठने लगी मन में,,

उस रिमझिम बारिश में,
तुमने पूछा था मुझसे एक ही सवाल,
क्या उम्र भर हाथ थामोगी मेरा ?
क्या हमसफ़र बनोगी मेरी ?

और वो एक सवाल,
जिसका ज़वाब आज...
एक खूबसूरत बंधन बन गया,
तुझे पाकर ऐ प्रिय,
मेरा जीवन संवर गया.............

2. वो गुलाब

तुम्हें याद है..
वो गुलाब..
जो तुमने पहली बार दिया था मुझे,
मेरे जन्मदिन पर..
तुम मायूस से होकर बोले..
मैं गुलदस्ता तो नहीं ला सका तुम्हारे लिए..
बस एक यही गुलाब लाया हूँ..

पर वो सिर्फ़ एक गुलाब नहीं था,
एक अनकहा एहसास था,
जिसने एक ऐसा बंधन बनाया,
जो उम्र भर का साथ बन गया,,,

ज़िंदगी के लम्हे बीत गए,
पर वो गुलाब आज तक मेरे पास है,
लोग पूछते हैं इन मुरझाई
पंखुड़ियों को फेंक क्यों नहीं देती ?
पर उन्हें क्या पता, ये मुरझाई कहाँ हैं ?

ये तो आज भी तुम्हारे प्रेम की,
ख़ुशबू से महक उठती हैं,
मेरे जीवन की बग़िया को,
महका देती है...

जानते हो?
ये गुलाब मैंने यहीं,
अपने कमरे में..
छिपाकर रखा है आज भी,
ताकि कोई इसे देख न ले,
कोई इसे मुरझाया हुआ समझ,
कहीं फेंक न दे,,

इसकी महक ही तो रखती है,
मेरी श्वासों को महकता,
नहीं तो बिन तुम्हारे,
यह जीवन, जीवन है क्या ?..........

3. कविता

उस रात...
तुमने मुझसे पुछा,
बताओ क्या करूँ,
मैं तुम्हारे लिए कुछ खास ?

मैंने मुस्कुराकर बोला..
'कविता' लिखो मेरे लिए,
और तुम यूँ धीमे से सर हिलाकर बोले..
'कविता' न बाबा न, यह मेरे बस की बात नहीं..
'मैं तुम्हारी तरह कवि कहाँ ?'
और कुछ हो तो बताओ..

मैं रूठी सी सो गयी..
दिन बीत गए..
पर कोई कविता नहीं सुनी तुमसे..

आज जब तुम्हारी अलमारी खोली..
उसमें रखी एक डायरी देखी,
खोलते ही आँखें दंग,
अश्रुओं की बहती धारा,
हर इक लफ़्ज़ मेरे से जुड़ा,
प्रेम रूपी कविताओं में छलकता,
मेरे प्रति तुम्हारा निश्छल प्यार,
क्या इस से सुंदर कविता कोई और लिख सकता है?

आज तुम नहीं हो..
पर तुम्हारी ये कविताएं
तुम्हारे होने का एहसास हैं..
मेरे प्रति तुम्हारा प्रेम ख़ास है..
क्यों छिपाया यह हुनर मुझसे ?
आज तक एक प्रश्न है ज़हन में...

कुछ भी कहो..
ये तुम्हारा प्रेम करने का,
अलग अंदाज़ ही था,
जिसका मुझे आभास न था.............

4. सफेद चंदन

वो याद है तुम्हें ??
जब मेरी गोद भरायी की रस्म थी,
पड़ोस की आंटी ने आकर माँ को बताया,
आज विशेष पूर्णिमा है,
इस दिन अगर पति पत्नी के
बालों में सफेद चंदन लगाए,
तो संतान सुंदर पैदा होती है...

और फिर क्या था..
माँ का तो पता ही है तुम्हें,
उसने मुझे बोला,
जाकर तुमको बोलूँ
पर मुझे यकीन था..
तुम नहीं करोगे ऐसा..
तुम कहाँ रोमांटिक पति थे,,
डरते डरते गयी तुम्हारे पास,
और तुम हँस पड़े,
ऐसा भी भले कोई कुछ होता है..
जाओ, मेरे से नहीं लगता चंदन वंदन,,
और मैं चुप चाप चली गयी...

रात को जब सोने आयी,
तो वो तुम्हारे हाथ में,
चंदन की कटोरी..
लब ख़ामोश,.

पास बिठाकर कैसे तुमने,,
वो धीमे धीमे मेरे बालों में चंदन लगाया,
सबसे सुखद एहसास था वो,
जो आज तक मुझे प्रफुल्लित करता है,
तुम्हारे न होने पर भी,
तुम्हें याद रखता है..

आज न वो चंदन है, न वो कटोरी,,
बस तुम्हारी यादों की तिज़ोरी,,
जिसकी चाबी हमेशा खुली रहती है........

5. तुम्हारे सिक्के

तुम्हें सिक्के जोड़ने की आदत थी,
और आज की नहीं,, बरसों से,
मैं अकसर पूछती थी तुमसे,
क्या करते हो इन सिक्कों का तुम?
आजकल कौन सिक्के रखता है ?

तुम बस एक ही ज़वाब देते,,
ये सिक्के बड़े काम के होते,,
न समझो इनको खोटे,,

पर मैं मज़ाक में टाल देती,
इनकी तो आदत है, जाने दो,

फिर एक दिन...,
जब हम बाहर गए,
वो याद है तुम्हें,
रेस्टोरेंट के मालिक ने,,
महिला दिवस पर एक प्रतियोगिता रखी,
जिसमें एक शर्त थी,
वहाँ बैठी जिस महिला के पास,
होंगे पुराने भारतीय सिक्के सात,
वो होगी विजेता आज,

फिर क्या था ...
मैं तुम्हारी ओर देखने लगी,

पर बोलती कैसे कुछ ?
हर बार जो बड़ बड़ करती थी,
पर तुमने बिन कुछ बोले,
अपने पर्स से सिक्के निकाले,
और मुझे दे डाले,
वो भी पूरे सात,,,एक दम पुराने,
मैनें देर नहीं लगाई,
जाकर अपनी हथेली दिखाई,
और किसी के पास न मिले वो सिक्के,
फिर क्या था,,,
मैं ही बनी विजेता,,,
और तुम्हारे गले से लगकर बोली,
थैंक्यू पति देव,

और तुम मुस्कुराये,
क्यों अब समझ आया ये सिक्के क्यों जोड़े?
देख लो खोटे ही काम आये,,

एक और अंदाज़ तुम्हारा नज़र आया,
जिसने मुझे तुम्हारे और करीब लाया..........

6. वो सावन

देखो ना,,,
सावन आ गया,
हर ओर मनभावन नज़ारा,
पेड़ों पर झूले,
कोकिल कूके,
झन झन मेघा की बूदें,
मयूरा, दादुर नाचे,
कितने ख़ुश हैं न सब..

आह! प्रेयसियों को देखो,
कैसे किया सोलह श्रृंगार,
टीका, मेहँदी, महावर,
खन खन चूड़ियों की झंकार,
दर्पण देखे मुस्काती,
आएगा साजन द्वार..

मैंने भी निकाली हैं ये चूड़ियाँ,
जो तुमने दिलवाई थी,
बड़े ही चाव से कहकर,
मैंने तुमसे मंगवाई थी,
याद है तुमको?
पिछले सावन ?

पर कलाई अभी भी सूनी मेरी,
कैसे पहनूँ मैं इनको?

ऐ प्रियवर ! जब संग तुम ही नहीं,
अब तो ये चूड़ियाँ भी खन खन करती नहीं,
बिन तुम्हारे ये हँसती ही नहीं,
कैसा सावन? कैसा श्रृंगार?
जब तुम ही न साजन, क्या मेरा संसार,,
आ जाओ, अब नहीं मांगूंगी और चूड़ियाँ,
ये ही पहना दो अपने हाथ,
आ जाओ, हे प्रियवर, हे मेरे प्राण नाथ...........

7. मेरा चाँद

देखो ना,,,

ईद का चाँद भी आ गया,
पूर्णिमा का चाँद भी आया,
चौथ का चंदा भी आकर चला गया,
काली रजनी के तम में,
उजाला भी छाया,
सारा जहां जगमगाया,
बैठी रही मैं चांदनी रात में,
नैनों में लिए अनगिन ख्वाब,
करे अपने चाँद को याद,

नैना रूठ गए,
आब सूख गए,
पर कहीं से,
नज़र नहीं आया,,
मेरा चाँद,,,,,

चारों तरफ़ उजाला है,
पर फिर भी सब तिमिर से घिरा लगता है,
ये उजाला भी खलने सा लगा है अब,
तम से ही हो गया है इश्क,
न भाता है ये ईद का चाँद,
न पूर्णिमा का,
ये निगाहें ढूंढ़ती हर ओर बस,

कहाँ है मेरा चाँद?
कब आएगा ?
कब मेरा उजाला लाएगा ?
पर... नहीं आया..

वो मेरा चाँद.. नहीं आया..
बरसों गुज़र गए,
इन आँखों को तरसते,
इनकी नयन पिपासा,
न बुझाने आया,
न चाँद आया,
मेरा चाँद न आया...
नहीं आया......

8. मेरी डायरी

हर लड़की की तरह, मैं भी,
बहुत खुश थी,,
जब मेरी शादी हुई,,
कितने ख़्वाब नैनों में सजाये,
अपने भविष्य को लेकर,
मैंने भी लिखी 'एक डायरी'
जिसमें उस सफ़र के हर लम्हे को,
पन्नों में पिरो दिया,

सोचा था, जब कल मैं,
तुमसे दूर चली जाऊँगी,
तो तुम पढ़ोगे उन पन्नों को,,
समझोगे मेरे एहसास,,
जी लोगे इन पन्नों में,,
फिर से वो लम्हे खास,

पर यहां तो कुछ और ही,
नियति ने खेल रचाया,,,
तुम तो बीच राह में ही साथ,
छोड़कर चले गए,
वो भी मुझसे पहले,,,

वो डायरी, बंद संदूक में,,,
यूँ ही पड़ी है आज तक...
कैसे पढ़ोगे अब तुम इसको?

कितनी बातें जो तुम्हें बतानी थी,,
सब इसमें छिपकर रह गयी,,
आज पछता रही हूँ मैं,,
काश तभी दिखा देती तुम्हें 'ये डायरी,
तुम जान तो लेते, तुम्हारी क्या जगह है?
मेरी ज़िंदगी में,,,
क्या क्या पल संजोये मैंने तुम्हारे साथ?
आज ये डायरी, बस डायरी बनकर रह गयी,
और एक कवयित्री ही आज हमेशा के लिए मर गयी,
क्या सबकी डायरी यूँ ही?
खामोश पड़ी रह जाती है?
या सिर्फ मैं और मेरी डायरी ?...............

9. पानी पूड़ी

तुम अकसर हमारे लिए,
पानी पूड़ी लाया करते थे,
हर तीसरे चौथे दिन,,,
वो भी किसी खास पानी पूड़ी वाले से,,
और ये भी याद है मुझे,
कि अक्सर शाम को ही लाते थे,,
जब बच्चे स्कूल से आ जाते थे,

उस दिन,, पता नहीं क्या हुआ तुम्हें?
पहली बार तुम शाम की बजाय,
दिन में ले आए,
वो भी सिर्फ़ 'पाँच'
मैने पूछा " आज इस समय "?
और वो भी इतनी सी ?

तुम एक दम बोले.
बस ऐसे ही मन कर रहा था,
इसलिए ले आया,
और आज इतनी ही थी,,
मैंने कहा, फिर न लाते,
बच्चों को भी तो देनी थी,,

अब ज्यादा सवाल न पूछो,
तुम फिर से बोले,
आज मैं तुम्हारे लिए लाया हूँ,

और सुनो, आज तुम तीन खाना, मैं दो,,

मैं बहुत अजीब सा महसूस कर रही थी,
ऐसे लग रहा था जैसे...
कुछ अजीब सा हो रहा हो आस पास,
तुमने मेरे पास बैठकर पानी पूड़ी खाई,,
और ढेरों बातें सुनाई,,,
मैं सुनती रही...
मुस्कुराती रही...
पर अजब सी कसस थी मन में,
खैर,दिन बीत गया...

शाम को तुम रोज़ की तरह सैर करने गए...
मैं घड़ी देखती रही...
पर तुम तो अपने समय से पहले ही आ गए...
चिल्लाते हुए, घबराए हुए,
और पानी माँगा,

पानी की बूँद पीते ही,
मेरी गोद में तुमने आंखें मूँद ली अपनी,
हमेशा के लिए,,,

क्या इसलिए वो पानी पूड़ी लाये थे तुम ?
जैसे कि तुम्हें पता था पहले से,
कि शायद अब लौट के न आओगे फिर,,,
पता नहीं मेरी पसंदीदा चीज़ ला पाओगे या नहीं फिर?

वो तुम्हारी हर बात याद आती है,
क्यों उसी दिन तुमने मुझे ज्यादा दी खाने को,

क्या था वो सब ?

सुना तो था, कि जाने वाले को,,
अंदेशा हो जाता है पहले ही,,
अपनी सब बातें बोल जाता है वो,
उस दिन यकीन भी हो गया,

न वो पानी पूड़ी है आज, न तुम...
है तो बस तुम्हारी बातें,,
जो तुम्हारी याद बनकर
घर के कोने कोने में गूंजती हैं...
कि कहीं से तुम फिर आ जाओ..
वही पानी पूड़ी लेकर...
अपने हाथों से खिलाओ

10. तुम्हारी तस्वीर

ये दीवार पर टंगी,
तुम्हारी तस्वीर...
उस पर चढ़ा ये हार,,,
इसमें तुम्हारे चेहरे की मुस्कान,,,
आज भी ऐसा लगता है,,
मानो, अभी बाहर निकल आओगे तुम,,,
और अपनी उसी मुस्कुराहट से,
सारे घर में उजाला ले आओगे,

ये तुम्हारी दो आँखें,
आज भी ऐसे लगता है,
जैसे कि केवल,,,
मुझे ही निहार रहीं हों,
मुझे ही बुला रही हों,

तुम्हारा ये मासूम सा चेहरा,
हर पल तुम्हारी उन बातों की,
याद दिलवाता है,,
जो तुम घंटो मेरे साथ,
किया करते थे,,,
ये तस्वीर महज एक तस्वीर नहीं,
साक्षात् तुम ही हो,,

मैं जब भी किसी उलझन में होती हूँ,
किसी परेशानी में,,

डॉ. सोनिया गुप्ता

या कोई बात मुझे तुमसे कहनी हो,,
चली आती हूँ यहां...
तुम्हारी इस तस्वीर के सामने,,,
और घंटों गुज़र जाते हैं,,
तुमसे हर बात बोलने में..,,
आज भी, मुझे उत्तर मिलता है तुमसे..

आज भी याद आता है..
तुम्हारा वो सब अंदाज़,
जो सबसे अलग था,

इस दुनिया की रीत भी अजीब है ना ?
जीते जी लोग इंसान को समझते नहीं,
और एक ही पल में,
उसे अंतिम विदाई देकर,
उसकी तस्वीर को,,
दीवार पर टाँग देते हैं,,
फिर उस पर कीमती सा हार,,

और देखो, और भी ज्यादा इनके कायदे
इस तस्वीर को सोने के कमरे में नहीं लगाना,
यहां नहीं लगाना, वहां नहीं लगाना,

ज़रा कोई इनसे पूछे,
कि ऐसी कौन सी जगह है?
कौन सा कोना है ?
इस घर में ?
जहाँ तुम नहीं हो ?
फिर इस तस्वीर का क्या मतलब ?

ये कहीं भी हो...
ये हार तो तुम्हें कभी पसंद था ही नहीं,
पर रीति रिवाज़ों में बंधे कायदे,
आज तुमको इस हार से भी सजाना पड़ा,

कितना अजीब है न संसार ?
जो घर बनाता रहा, वो ही आज घर में नहीं,,
जिसकी हर जगह थी, उसकी आज सिर्फ,,
ये दीवार है, वो भी...
सिर्फ एक कोना...
जो हमेशा फ़र फैलाये खुले आसमान में उड़ता था,
वो आज एक तस्वीर में कैद,
हो जाता है ,,

सोच सोच कर मन बहुत प्रश्न करता है,,
पर अफ़सोस यहां आकर,,
हर कोई हार जाता है,,
जब हम इतने विवश हो जाते हैं,
कि चाह कर भी कुछ नहीं कर पाते,
यही सबसे बड़ी विडंबना ,,,

पर सुनो,,, तुम बिलकुल मत व्यथित होना,
तुम महज इस तस्वीर में नहीं,,
इस घर के हर कोने में हो,
और हमेशा रहोगे...
मेरे अंतर्मन में,
मेरे साथ, मेरे पास ....

11. जन्मों जन्मों तक साथ

वो अस्पताल का किस्सा,,
आज भी याद आता है मुझे,,
तुम्हें छुट्टी नहीं दे रहे थे डॉक्टर,,
और मैं इतने दिन से वहीं थी ,,
तुम्हारे पास..
नहीं जाना चाहती थी,,
तुम्हें छोड़कर,
बच्चों ने बहुत कहा,,
पर मैं नहीं गयी..

एक दिन जिद्द की,
तो मैं तैयार हो गयी जाने को..
जैसे ही बाहर गाड़ी की तरफ़ गए,
लगा ज्यूं गाड़ी ख़राब सी हो,
रमेश बोला, माँ चलो अभी यहीं रुकना पड़ेगा,
मैं मन ही मन मुस्कुरा उठी,
मैं तो वैसे ही जाना नहीं चाहती थी,

जैसे ही अंदर गए,
एक अजीब सी घटना घटी,,
डॉक्टर बोले, इनको आज घर ले जा सकते हैं,
अब यहाँ रखने की आवश्यकता नहीं
इनकी रिपोर्ट्स ठीक आई हैं,,

मेरी ख़ुशी की सीमा न रही.

उधर गाडी भी ठीक हो गयी,
और हम दोनों साथ ही घर लौटे
और बच्चे भी हैरां,,

माँ पापा, ये आपका अटूट बंधन है,
देखिये कैसा किस्सा घटा,
काश सबका बंधन ऐसा ही हो..
आप दोनों जैसा..

मैं मुस्कुराई और तुम्हारा हाथ पकड़े बोली...
करते हो फिर से वायदा
वही... जन्मों जन्मों तक साथ देने का
और तुम खामोश मुस्कुराहट से
बस मुझे देखते रहे........

12. आसमान के पर

उस दिन,,,

जब उनके आयोजन में,
सबने मुझसे आग्रह किया,
कि मैं मंच पर जाऊँ,
नृत्य करके दिखाऊँ,
मन में एक घबराहट थी,,
मुझे कहाँ ऐसी कोई आदत थी,,

तुमसे जब सबने ज़िद्द की,
मुझे भेजने की वहां,
तुम एक दम बोल पड़े,
इसे नृत्य कहाँ आता है,
पर सबकी ज़िद्द के आगे,
हम दोनों हारे,,

और तुम सर पकड़कर, छिपकर कोने में
जाकर बैठ गए सोफे पे
अरे ये क्या करेगी अब ?

जैसे ही संगीत के सुर बजे.
मेरे पांव ख़ुदबख़ुद उठ गए,
मानो कोई आसमान के पर लग गए हों इन्हें,,
मदमस्त होकर मैं ऐसे झूमी,
जैसे कोई मोर सावन में,

सबकी तालियों की गूँज,
मेरे कर्ण हैरान,,

उधर तुम,,
सर पकड़े बैठे,,
एक दम उठ गए,,
और सबसे पहली ताली,,
तुमने ही बजायी
तुम्हारी प्रियसी ने विजय पायी,
पूरी महफ़िल हर्षायी,
मैं समझ ही न पायी,
ये कैसे यूँ सब कुछ कर पायी,,

ये तुम्हारा प्रेम ही था जो,,
मुझको देता रहा इक बढ़ायी
देखा, तुम्हारे प्रेम में,
कितनी सच्चाई...
ये याद..
आज तक न मैं भूल पाई............

13. वो सुबह

उस रात देर हो गयी थी सोने में,,
अलार्म लगाकर सोई थी,
सुबह उठकर रसोई जो संभालनी थी,
पर, नजाने क्यूँ ,,,
सुबह आँख खुलने में देरी हो गयी,,

जब धीमे से तुमने खिड़की का पर्दा उठाया,
सूरज की किरणें मेरे चेहरे पर पड़ी,
और अचानक मेरी नींद खुल गयी,
ज़ोर से चिल्लाई, थोड़ी घबराई,
अरे तुमने मुझे जगाया क्यों नहीं,
रुको, मैं तुम्हारे लिए चाय लाई,

तभी तुम पीछे मुड़े,
और हाथ में ट्रे लिए आए,
आज चाय मैनें बनाई,
तुमने ?
'हाँ मैंने'...
चलो आज मेरे हाथ की चाय पीओ,
ओर बताना कैसी लगी?
मैंने जैसे ही एक घूँट पिया,
मुस्करायी और देखते ही देखते,,
सारी चाय पी गयी..
और बोली "लाज़वाब",
मुझे तो पता ही नहीं था,

तुम में ये भी हुनर है,
काश रोज़ मुझे यही चाय मिले,,

तभी दादी माँ आयी,
तुमने उन्हें भी सारी बात बताई,
और चाय की प्याली पकड़ाई,
जैसे ही दादी ने चुस्की लगाई,
सारी चाय बाहर निकल आई,

ये क्या बनाया तूने ? और मेरी तरफ़ देखकर बोली
"तू कैसे ऐसी चाय पी गयी "
और मैं खामोश, मंद मंद मुस्कुराती,
नहीं दादी, चाय बहुत अच्छी थी,

दादी ने तुम्हें चखने को दी,
तुमने जैसे ही पी, ज़ोर से हिचकी ली,
और बोले 'चाय वाक्य ही बहुत अच्छी बनी"
दादी हम दोनों की तरफ़ देखकर,,,
मुस्कुराते हुए चली गयी,,
"सुना तो था प्यार अँधा होता है, आज देख भी लिया"

और तुमने ज़ोर से मुझे पुछा, "चाय इतनी अच्छी लगी,
कि सारा नमक ही पी लिया ?"
और मैंने तुम्हारे काँधे पर सर रख दिया,
अरे जब तुमने बनाई तो नमक क्या,
ज़हर में भी मिश्री घुल जाए....
आज भी याद आती है मुझे ...

14. मेरी पेंटिंग

मैंने सुना था,,
जब कोई लड़की शादी के बाद,,
ससुराल जाती है,
तो दहेज लेकर जाती है,
कुछ सपने बुनती है,
और कुछ अपनी पसंदीदा चीज़ें
एकत्र करती है,,
जिन्हें साथ ले जा सके वो
अपनी नयी दुनिया में...

मैंने भी कुछ ऐसे स्वप्न बुने,
मुझे पेंटिंग्स का बहुत शौक था,
सोचा, अपने नये घर में जाकर लगाऊँगी,
और जब कोई खाने पर बुलाएगा,
तो सबको एक एक पेंटिंग,
तोहफ़े में दे दूंगी/

मैंने एक ही दिन में,
इक्कीस पेंटिंग्स बनाई,
और बड़े प्यार से सजाई,
समय कम था न मेरे पास,
विवाह की तारीख़ नज़दीक थी,,,
पेंटिंग्स बन जाने पर...
बहुत हर्षित हुआ मन,
ऐसा लगा ज्यूँ कितने पुराने संजोये ख़्वाब

पूरे हुए थे आज/

मैंने तुम्हें भी बताया,
तुमने कहा ज़रा दिखाओ तो क्या बनाया ?
मैंने मना कर दिया,, सरप्राइज दूंगी,
तुम मान भी गए,
और मैं मुस्कुराती, मन ही मन
नए स्वप्न संजोती रही...

जब शादी करके तुम्हारे घर आई,
सबने की मेरी मुँह दिखाई,
और पूछने लगे,
बहू क्या क्या लाई ?
तुम्हारी माँ ने धीरे से इशारा किया,
मेरी पेंटिंग्स की तरफ़,
और सबने जिद्द की,
उनको देखने की,

फिर क्या था, सबको इतनी पसंद आयी,
वो मूषक के साथ बैठे गजानन,
सब आंटियां तो वहीं मुग्ध हो उठी,
"हमें चाहिये ये सब पेंटिंग्स तो"
और तुम्हारी माँ के कहने पर,
मैंने सब बाँट दी,
सिर्फ़ एक रखी...
अपने कमरे के लिए...

जब तुमने पहली बार कमरे में,
वो गणपति की पेंटिंग देखी,

तो तुम्हारा रिएक्शन कुछ अजीब था,
तुम चुप हो गए,,
और बोले "ये यहां नहीं लगेगी पेंटिंग"

मैं कुछ समझ नहीं पाई...
और तुमने दीवार पर से उतार दिया उसे,
मुझे लगा पता नहीं क्या हुआ?
शायद तुम नाराज़ हो गए,
परन्तु, तुम तो उस पेंटिंग को,,
बाहर ले गए,,
घर के मुख्य मंदिर में...
जहाँ तुमने उसको स्थान दिया,,

मैं तुम्हारे पीछे पीछे..
तुमने बोला..
इतनी सुंदर कला का स्थान,
प्रभु चरणों में ज्यादा,
सुशोभित करता है,
और मुझे हृदय से लगा लिया,
मेरा मन प्रफुल्लित हो गया,,
मानो बरसों देखा सपना,
आज खिल गया/
तुम्हारी प्रीत भी अलग थी,
अलग थी तुम्हारी हर अदा...........

15. वो साड़ी

वो याद है तुम्हें ?
जब हम पहली बार...
शॉपिंग पर गए थे...
तुमने मुझसे पूछा,
क्या चाहिए तुम्हें ?

मैंने धीमे से बोला,
बस कुछ नहीं लेना...
सब कुछ तो है मेरे पास,,
फिर भी तुमने ज़िद्द की..
और मुझे एक साड़ी की दुकान पर ले गए,

वहाँ अनेकों साड़ियाँ देखने के बाद,,
एक साड़ी मुझे बेहद पसंद आयी.
पर जब पैक करने लगे,
उसमें एक जगह कपड़ा छुटा था,
तुमने बोला, "कोई और देख लो अगर पसंद आये",
मैनें मायूस सा होकर सर हिला दिया,
नहीं अगर लेनी है तो बस यही,
दुकान वालों से पूछा,
"क्या दूसरा कोई पीस नहीं इस जैसा "?
और विडंबना देखो,
नहीं था वैसा..
तुमने फिर भी, पूरी दुकान छान डाली
पर नहीं मिला वैसा,,

फिर हम बाहर आ गए,
तुमको बुरा लगा,,,
कि पहली बार मैं इसको लाया,
और कुछ न दिलवा सका,
फिर तुमने कहा,
"सुनो! ऐसा करो, मेरी ख़ुशी के लिए, एक साड़ी ले लो
वो वाली फिर दिलवा दूंगा"...
मैनें तुम्हारी ज़िद्द पर एक साड़ी ले ली,
तुम बहुत खुश थे..
वापिस जाते जाते, तुम गाड़ी चलाते हुए,
पता नहीं क्यों उदास से नज़र आ रहे थे,
पूछा, तो बोले,
'नहीं बस वो.. तुम्हारी मनपसंद साड़ी',,
मैंने बोला जाने दो,
फिर कभी आ जाएगी..
और थोड़ी देर में घर आ गए हम...

दिन बीतते जा रहे थे,
पर पता नहीं तुम,,
सारा समय फोन पर लगे रहते थे,
मैं शिकायत करती,
मेरे लिए तो वक्त है ही नहीं तुम्हारे पास,,
और तुम "अरे छोड़ो अभी, काम है बहुत"
यही कहकर टाल देते थे,
न समय पर खाना खाते, न ढंग से सोते,

मेरा मन भी विचारों की उधेड़बुन में लग गया,
पता नहीं, कहीं कोई और बात तो नहीं?

पर मैंने तुमको कुछ बोला नहीं,
तुम घर भी देर से आने लगे,
मैं मन ही मन घुटती जा रही थी,
पर कुछ समझ नहीं आ रहा था...

एक दिन तुम घर आये,
और बड़े ख़ुश नज़र आ रहे थे,
आते ही, पीछे से मेरी आँखें बंद कर दी,
और कमरे में ले गए..

"अरे क्या हुआ तुम्हें ? क्या कर रहे हो?"
"कुछ नहीं, तुम आँखें मत खोलना, जब तक मैं न कहूँ"
और फिर तुम्हारे कहने पर मैंने आंखें खोली,,
तुम्हारे हाथ में एक पैकेट था,
जिसको खोलने को तुमने बोला,
इसमें क्या है?, क्या लाये तुम मेरे लिए?
तुमने कहा, खुद ही देख लो,
जब उसको खोला, तो मेरी आँखें दंग रह गयी...
वही साड़ी थी, जो हम खरीद न सके..

ख़ुश हो न ? तुमने पूछा,,
मैंने झट से तुम्हें गले लगा लिया,

तुमने बोला "अब समझ आया,
क्यों तुम्हारे लिए समय नहीं था"
इसी में उलझा था,
सब दुकानें, मॉल, छान मारे,
तब जाकर यह साड़ी,
ग्वालियर से मंगवाई,

अभी तो यह और भी लेट आती,
पर मैंने एक्स्ट्रा पैसे देकर जल्दी मंगवा ली,
तुम्हारा जन्मदिन जो आ रहा है,
तुम्हें तोहफ़ा भी तो देना था,
और इस से अच्छा तोहफ़ा क्या होता?
तुम्हारी पसंदीदा साड़ी, 'यही पहनना जन्मदिन पर'

मेरी तुम्हारे प्रति प्रेम की डोर और मज़बूत हो गयी,
और मन ही मन मैं खुद को कोसने लगी,
क्या मैंने बेवज़ह तुम पर संदेह किया?

जितना तुम्हारे साथ ज़िंदगी के पल बिताये जा रही थी,
उतना तुम्हारे और करीब आ रही थी,
तुम्हारे प्रेम को समझ रही थी,
और आज तक इस गहराई को पूरी तरह नहीं जाना ,,,
गहरा; सागर से भी गहरा है, तुम्हारा प्रेम ....

16. वो स्वेटर

मुझे स्वेटर बुनने का,
बहुत शौक था...
कितने ही बुने, कभी दादी के,
कभी दादू के, नानी, नाना,
यहां तक कि पड़ोस के,
छोटे बच्चों के लिए भी,

जब हमारा रोका हुआ,
मेरे दिल में एक अरमान जगा,
तुम्हारे लिए भी एक स्वेटर बनाऊँ,
जिसको तुम तब तक पहनो,
जब तक जीवन है,

मैं बड़े उल्लास से,
ऊन लाई तुम्हारे लिए
और पाँच ही दिन में
मैंने तुम्हारा स्वेटर बना दिया/

रोज़ उसको निकालकर,
तुम्हारा ख्याल करती,
और कल्पना करती कि,
तुम इसे पहने,, मेरे सामने खड़े हो,
और देख देख कर मुस्कुराती रहती,
कब आएगा वो पल ?
जब पापा की तरह,

डॉ. सोनिया गुप्ता

तुम भी मेरा बनाया स्वेटर पहनोगे ?
जैसे वो मम्मी का बनाया पहनते हैं हमेशा,
और वक्त बीतता रहा..

फिर आयी वो मधुर घड़ी,
जब हम दोनों के मिलन का समय आया,
मैंने पहली ही रात,
तुमको वो स्वेटर दिखाया,,
तुमने पहना तो बड़ा पसंद आया तुमको,
तुमने बोला, अभी इसको रख दो,
जब मैं बूढ़ा हो जाऊँगा ना,
तब पहनूंगा इसे,
ताकि तुम्हारे हाथों का स्पर्श,
हमेशा मेरा आलिंगन करता रहे,

पर तुम तो उससे पहले ही चले गए...
और ये स्वेटर अंदर ही बंद रह गया,
काश तुम उसी समय पहन लेते इसे,
कम से कम एक बार तो मुझे ख़ुशी मिल जाती,
बार बार उस स्वेटर को लिए,
मैं तुम्हारी याद में...
रोये जाती हूँ,

खुद से एक वायदा किया उस दिन मैंने...
अब नहीं कभी बनाऊँगी स्वेटर,,,
कभी नहीं पकड़ूँगी सिलाइयाँ,,
दफ़न कर दी मैंने सब सिलाइयाँ,, उस दिन......

17. कान्हा की मूर्ती

तुम्हें याद है ??
वो राधा कृष्ण की अलग अलग मूर्तियां?
जो मैं शादी के बाद लायी थी,
अपने साथ ,,,
बरसों संभाले रखी,

ये मेरी माँ ने दी थी मुझे..
कहकर कि तू राधा और तेरा पति कृष्णा..
तुम दोनों की जोड़ी,
ऐसे ही बनी रहे,
इनको अपने पास रखना हमेशा...

इस बार दीवाली आयी,
और घर की सफाई में लग गए हम,
मुझे इनपर धूल नज़र आयी,
मैंने गलती से कान्हा की मूर्ती,
पानी में भिगो दी,
और जब निकाली,
तो देखा, सारी टूट गयी..
अकेली राधा बची..
मन बहुत व्यथित हुआ..

सोचा, चलो इसके साथ की,
दूसरी मूर्ति ख़रीद लेते हैं...
परन्तु बहुत कोशिश के बाद भी वैसी नहीं मिली,,,

माँ ने कहा था, ये दोनों तुम हो,
एक दूसरे के पूरक,,
पर आज एक के टूटने पर,,
पता नहीं क्यूँ,,
मुझे कुछ विचित्र से,
ख़याल मन में आ रहे हैं,,
क्या इस दीवाली ?
राधा अकेली ही रह जाएगी ?
मैंने अपने मन को समझाया,,
नहीं, मैं तो यूँ ही बेकार में सोचे जा रही हूँ..
और काम में लग गयी..

थोड़े दिन गुज़रे..
एक अजब घटना हुई,,
जब तुमने आखिरी सांस ली,,
दीवाली भी कहाँ आयी थी अभी ?
और वो कान्हा की मूर्ति टूटना ?
क्या वही संकेत था ?
क्या माँ ठीक कहती थी ?
क्यों कान्हा की ही मूर्ति पानी में गिरी?
क्यों राधा नहीं ?
अब समझ आया ,,
सच में 'तुम' और 'मैं'
कान्हा और राधा ही थे..

और देखो तो,,,
न कोई दूसरी मूर्ति मिली मुझे,,
क्यूँकि तुम्हारा स्थान,,
कोई कैसे ले सकता है,,

राधा के जीवन में...?

अद्धभुत था वह संकेत,
मैं क्यों नहीं समझ पायी?
क्यों मूर्ति पानी में गिरायी ?
सच कहते हैं बड़े बुज़ुर्ग,
ईश्वर संकेत देते हैं हमें,
काश हम उनको समय रहते समझ लें,,

कैसा था अपना ये मिलन?
राधा कृष्णा सा जीवन ?
राधा ने भी जुदाई का गम सहा,
आज तुम्हारी राधा भी सह रही है,
वही गम,,,
वो तो एक दिव्य शक्ति थी,,
जो शायद सह गयी..
मैं तो इंसान हूँ सिर्फ़,,
कठिन से भी कठिन है यह दर्द,,
लौट आओ कहीं से तुम,,
फिर नहीं कभी दूर जाने दूंगी तुम्हें...
नहीं तो मुझे भी अपने साथ ही ले जाओ,,
हमेशा के लिए.......

18. आखिरी जन्मदिन

मुझे मालूम है,,,
तुम्हें केक काटना बिल्कुल,
पसंद नहीं था...
न ही इतना खाने का शौक ,,,
इस बार तुम्हारा,
जन्मदिन आने वाला था,
और नीशू ने ज़िद्द की,
कि दादू का केक काटेंगे इस बार,
जैसे मेरा काटा था,

हम सब सोच रहे थे..
कैसे कहेंगे तुम्हें ?
किस तरह मनाएँगे?
डरते, डरते मैंने ही...
तुमसे बात की...
और हैरान हो गए सब..
तुम एक ही बार में,,,मान गए,
चलो ठीक है, काट लूंगा,,
पर बच्चे भी साथ होंगे,

सब खुश हो गए,
और किसी को यकीं ही नहीं हुआ,,
कि तुम इतनी जल्दी मान जाओगे,,

फिर क्या था ?
वो दिन आ ही गया,,
किसी कारण वश बच्चे नहीं आ पाए,,
तुम उदास थे,
पर उन्होंने बोला,
पापा उदास न होना,,
वीडियो कॉल पर मनाएंगे,,
आपका जन्मदिन,,
काम बहुत है, छुट्टी नहीं मिल पाई,,

बिटिया ने केक मंगाया,,
और कहने लगी,
पता नहीं पापा कहीं मुकर न जाएं,,,

ऑनलाइन सभी इक्कठे हो गए,,
और तुमने इतनी ख़ुशी से,,
अपने हाथों केक काटा,
पीज़ा भी खाया,
बहुत आनंद आया उस दिन,
जो कभी तुमने ज़िंदगी भर नहीं किया,
वो बच्चों की ख़ुशी के लिए,
एक पल में कर गए,
सब बहुत खुश थे,

दो दिन बाद अचानक...
ये क्या हुआ,,
जो तुम हमेशा के लिए,,
ब्रह्मज्योति में विलीन हो गए..

ये कैसी ख़ुशी थी ?
हमारे घर में तो रीत ही न थी,
जन्मदिन मनाने की,
पर वक्त के साथ चलना पड़ता है,
बच्चों की ख़ुशी भी,,
मायने रखती है
पहली बार, आखिरी बार हो जाएगा,
ये किसी ने न सोचा था,
पर देखो, नियति की विडंबना..
तुम्हारा जन्मदिन,
वापिस ही नहीं आया,
न कोई केक, न कोई ख़ुशी,

अब तो बच्चे भी नहीं मनाते...
अपना जन्मदिन..
जबसे तुम गए हो उन्हें छोड़े,
क्यों अकसर ऐसा होता है..?
अजीब सा इस जीवन में ?...........

19. पुराना घर

तुम्हारी बहुत इच्छा थी...
कि हम अपना पुराना घर,,
कब ठीक करवाएंगे
इतने साल हो गए थे,,
घर को बने,,
पर बच्चों की पढ़ाई के खर्चे इतने थे,,

सब तुम्हें बोलते थे,
अरे मास्टर जी,
थोड़ा स्टैंडर्ड बनाइये,
पर तुम हँस कर टाल देते,,
मेरा स्टैंडर्ड मेरे बच्चे हैं,,

वक़्त के बीतते,
अब सब सेट हो गए थे,
तो तुमने सोचा,
चलो शायद अब वक़्त आया सही,
तुम कब ठेकेदार के पास जा आये,
पता ही न चला किसी को,

दो दिन बाद ही,
तुम हमें अकेला छोड़े, चले गए...
हमेशा के लिए...
नहीं पता था,
कि लौट कर न आओगे फिर,,

जब तुम्हारी शोक सभा में,
वो ठेकेदार मिला,,
तो उसने बताया,
"अभी तो आये थे वो, मेरे पास,
बोले घर ठीक करवाना है,
पर देखो, भाग्य का खेल"

मैंने तब ही से तय कर लिया,
तुम्हारा ख़्वाब मैं पूरा करूँगी,,
तुम्हें गुज़रे एक साल हो गया,
और देखो तुम्हारा घर बन गया,
तुम देख रहे हो न?
बिलकुल वैसा ही बनाया,
जैसा तुम बोला करते थे ...

तुम्हें मालूम है ?
लोगों ने कितनी बातें बनाई,
देखो इसको,
पति को गुज़रे अभी कितना समय हुआ?
और इसको घर ठीक करवाने की पड़ी,
उन्हें क्या पता था,
कि ये सब क्यों कर रही थी मैं ?
तुम्हारे लिए, तुम्हारे ख़्वाब के लिए,
ख़ैर, मुझे उनसे क्या लेना,
मेरे लिए तो सिर्फ़ तुम हो ना ?
देखो, तुम्हारा सपना,
पूरा कर दिया मैंने ..
ख़ुश हो न तुम ?

मैं भी ख़ुश हूँ
बस गम यही कि
तुम दूर हो..
इतनी दूर, कि तुम्हें बुलाऊँ तो कैसे ?
सब कुछ बताऊं तो कैसे ?..........

20. विदेश यात्रा

तुम्हें बहुत शौक था,
विदेश जाने का,
वीज़ा भी लग गया था हमारा,
पर ज़िंदगी की उलझनों में,
जा न सके हम,
और तुम अब कहने लग गए थे,
मैं 'सोनू' को बोल दूँगा,
तूने नहीं जाना,
तो मुझे अकेले ही बुला ले..
मैंने भी मज़ाक में बोल दिया,
ठीक है, फिर जाओ तुम अकेले,

सोनू ने हमारी टिकिट बुक करवा दी..
अगले हफ़्ते जाना था हमें.
तुमने बड़े चाव से अपना बैग पैक किया,
बच्चों के लिए सामान लाये,
खाने की चीज़ें बनाई,

तीन चार दिन बाद...
अचानक एक दुखद घटना घटी,,
तुम गए थे हंसी ख़ुशी सैर को,,
पर लौट कर न आये
क्या यही अरमान था तुम्हारा ?
इसीलिए बोलते थे
कि विदेश जाना है ?

तुम तो छिपे रुस्तम निकले
अकेले ही चले गए ...
मुझे छोड़े..
मैंने तो मजाक में कहा था
कि अकेले चले जाओ..
क्या करूँ अब इस सामान का ?
इन सब चीज़ों का ?
विडंबना तो देखो,
बच्चों को ही आना पड़ा आज..

तुमने जब भी कोई,
ख़्वाहिश ज़ाहिर की,,
क्यों वो ऐसा रूप लेकर सामने आयी?
कि बस ख़्वाहिश ही बनकर रह गयी,,,

आज तक वो सामान,,
मैंने ऐसे ही बंद रखा है,,
उसमें तुम्हारी यादों को, कैद कर रखा है,
आ जाओ,, खोलें उस बैग को
चलें एक साथ, विदेश ....

21. वो कमीज

तुम जब भी,,
किसी ख़ास काम के लिए जाते,
किसी से बिज़नस की डील करने,
या कोई नया प्रोजेक्ट लेने,
या कोई इंटरव्यू देने,
हमेशा यही कमीज पहनते,
और मैं पूछती रहती,
तुम्हारे पास इतना ढेर लगा कमीजों का,
कभी कोई और भी पहन लिया करो,
पर तुम कभी मेरी कहाँ सुनते,
और मुस्कुराकर टाल जाते,
अरे छोड़ो ना, क्या फ़र्क पड़ता,
मुझे यह कमीज ज़रा अच्छी लगती है,
इसलिए पहन लेता हूँ,
और बस चले जाते,

आंधी आये, तूफान आये,
तुमने वही कमीज पहननी,,,
और ताज़्जुब की बात देखो,
जब भी तुम इसे पहन कर गए,
हमेशा सफ़ल लौट कर आये,

मैं हैरां रहती थी और कभी समझ नहीं पायी,
आखिर कुछ तो है, जो तुम बताना नहीं चाहते,

आज तुम्हारे जाने के बाद.....
मैंने उस कमीज को निकाला,
और अच्छे से परखा,,
कुछ नहीं मिला मुझे,
फिर अंत में, अचानक मेरी नज़र,,,
उसके कॉलर पर पड़ी,,
जो कुछ दिन पहले तुमने,
मेरे से सिलवाया था,
वो थोड़ा उधड़ा हुआ लग रहा था,
सोचा सिलाई लगा दूँ,
जब सिलाई लगाने लगी,
एक अजब सी चीज़ देखी,,,
जिस रंग की तुम्हारी कमीज थी,
उसी रंग से
उसके कॉलर के नीचे
मेरा नाम लिखा था,,,,

अब समझ आया,,,
क्यों तुम हमेशा इसे पहनते थे ?
क्यों मुझसे छिपाते थे ?
बोलते तो थे तुम..
तुम्हें क्या लेना?
ये मेरा मामला है,
मैं ये पहनूं या कोई और,
पर सच कुछ और ही था..

आज तुम्हारे जाने के बाद....
तुमको ज्यादा समझने लगी हूँ...

तुम्हारे साथ रहकर भी,,
तुम्हारे प्रेम की गहराई को,,,
समझना बहुत कठिन था...
आज जाना, कि अथाह समंदर था यह,,
मेरे प्रति तुम्हारे प्रेम का....
ऐसा अटूट प्रेम, जो शब्दों से नहीं..
भावनाओं से व्यक्त होता है,
तुम्हारा हर अंदाज़, हर भाव,
अनोखा, बहुत अलग,
बिलकुल तुम्हारी तरह ....

22. पहली रसोई

मुझे याद है,,
वो सुबह...
आज भी हे प्रिय,
जब मुझे नयी शादी के बाद,
रसोई में पहली बार जाना था,
कुछ बनाकर सबको खिलाना था,
ससुराल का रिवाज़ निभाना था,

अक्सर हलवा ही बनता है,
इस रस्म में,,,,
और मैं रात को...
सब सामान तैयार करके सोई,
ताकि सुबह देरी न हो,
थोड़ी घबराई भी थी,
पता नहीं कैसा बनेगा?
क्या सबको अच्छा लगेगा ?
इन्हीं विचारों में डूबी...
खायर सो गयी...

सुबह जब उठने लगी,
तो देखा, बदन बुखार से तप रहा था,
उठा भी नहीं जा रहा था,
मैंने तुम्हें बताया, तुम भी घबरा गए,
मैं उठकर नहाने जाने लगी,
तुमने रोक दिया, 'अरे अभी आराम करो'

डॉ. सोनिया गुप्ता

तुम्हें तेज बुखार है,
मैं घबराते हुए बोली,
आराम कहाँ ? आज, बुधवार है,
मुझे रसोई की रस्म निभानी है,
सारा सामान तैयार रखा है,
जाकर बना दूँ..

अरे मैंने बोला ना "नहीं "
मैनें धीमे से कहा, रस्म तो ज़रूरी है,
निभानी पड़ेगी,
सब क्या बोलेंगे ?
माँ को बुरा लगेगा,
तुमने मुझे चुप करवा दिया,,
और बोले मैं कुछ करता हूँ,
तुम लेटी रहो,,
और तुम नीचे चले गए,
मुझे समझ नहीं आया, क्या करोगे,
थोड़ी देर बाद आये, मुस्कुराये,
'उठ जाओ अब तुम, नहा कर नीचे चली जाना'
'माँ को बताना, कि तुमने हलवा बना दिया'
'रस्म का फ़र्ज़ निभा दिया'

मैं हैरान, हलवा ? मैंने?
पर मैंने तो बनाया ही नहीं
'तुमने बनाया, मैंने बनाया,
एक ही बात हुई' तुम बोले
मैंने बना दिया तुम्हारे स्थान पर,
अब ज्यादा बहस न करो,
और जाओ नीचे..

माँ को ख़ुश भी तो करना है,,,
मैं तुम्हें निहारती ही रही,,

हलवा खाकर सब उँगलियाँ चाटते रह गए,
और मुझे बधाई के तोहफ़े मिले,
मन ही मन खटक रहा था झूठ,
पर तुम्हें दिया वायदा भी तो न सकता था टूट,
तुम इतना अच्छा हलवा बनाते हो,
मेरे को मालूम नहीं था,

सुना था कि आजकल के पति,
कहाँ काम करते हैं कभी,
पर तुमने तो मेरी सोच ही बदल दी,
तुम्हारा प्रेम शुरू से ही ऐसा रहा,
और आखिरी साँस तक भी ऐसा था,
इन्हीं लम्हों को याद करके,
मैं तुम्हें आज भी जी लेती हूँ
आज जब भी हलवा बनाती हूँ,
उसमें तुम्हारे प्रेम की मिठास,
भर जाती है,
और फिर से तुम्हारी याद
ताजा कर जाती है.........

23. माँ की नाराज़गी

तुम अकसर बताया करते थे,
कि तुम्हारी माँ...
जल्दी नाराज़ हो जाती है,
और फिर उसको मनाने में,
सदियां बीत जाती हैं,,

मैं तुम्हारी इस बात से,,
घबरा गयी थी,,
कैसे करूँगी मैनेज?
सोचा करती थी,,

एक दिन यूँ ही.,,
माँ को फ़ोन करना भूल गयी,
और जब याद आया,
फोन मिलाया,
पहले तो उसने न उठाया,
फिर उठाकर थोड़ा ही बोली,
मेरे मन में थोड़ी हुई परेशानी,
तुमसे मैंने सब बात बताई,

तुम मुस्कुराये,
क्यों,कहा था न मैने?
माँ कितनी जल्दी नाराज़ होती है,
अब मनाती रहो उसे,,
सदियां बीत जाएंगी...

मैं भी मुस्कुराई,
चलो कोई बात नहीं देखते हैं,,
हम कल ही चलेंगे घर,

अगली सुबह ही हम निकल पड़े,
और तुम मंद मंद मुस्कुराते रहे,
सारे रास्ते चिढ़ाते रहे,

जैसे ही घर आया, तुम फिर हँसे,
'लो देवी जी, अब हम तो पीछे हटे'
हो जाइये तैयार, अपनी माता को मनाने को..

फिर क्या था..
जैसे ही मैं अंदर गयी,
माँ रसोई में थी,
मैंने पीछे से उनको ज़ोर की झप्पी डाल ली,
थोड़ा नाराज़गी तो दिखानी ही थी उन्होंने,
बोली नहीं, पर मैं भी वैसे ही खड़ी रही,

दो मिनट बाद,
माँ बोली, "बेटा, चाय पियोगी या कॉफी "
और मैंने फिर से बोला 'सॉरी माँ "
उन्होंने प्यार से हाथ बढ़ाया,
गले से मुझे लगाया,
और अपने पास बैठाया,
तेरा एक दिन भी फोन न आये,
मेरा संसार रुक जाए,
'आगे से नहीं ऐसा होगा माँ'

सॉरी, वैरी सॉरी,
और दोनों मुस्कुराए,
साथ में चाय के प्याले लगाए,,

उधर से तुम आये..
हमें यूँ देखकर सठियाये..
ये क्या ? इसने तो वो कर दिखाया,,
जो आज तक न कोई कर पाया,,
माँ, तुम तो इस से नाराज़ थी न?
"हाँ थी, पर मेरी बहू है ही ऐसी,
जिस से कोई ज्यादा दिन,,
नहीं रह सकता बोले बिन",

तुम एक दम हैरां भी, और खुश भी,
तुमने उस दिन मुझे बोला,
"तुम्हें पाकर मैं प्रफुल्लित हूँ "
जिसने मेरी माँ के दिल में जगह पा ली,
उसने सारी ज़न्नत कमा ली,
और हमेशा तुमने मुझपर गर्व महसूस किया.........

24. मेरे सिले कपड़े

वो तुम्हें याद है क्या ?
तुम हमेशा...
मेरे ही सिले कपड़े पहनते थे...
शादी के शुरुवात से अंत तक...
तुमने कभी किसी और का सिलवाया,
एक भी कपड़ा न पहना,
न कभी रेडीमेड कमीज या पेंट ख़रीदी..

मैं भी खुश होती थी,,,,
तुम में मेरे प्रति इतना विश्वास देखकर,
इतना प्रेम देखकर,

वो सर्दियां याद हैं ?
जब तुम काफी बीमार पड़ गए थे,
और घर में आने जाने वालों का,,
इतना इकट्ठ रहने लगा,
मैंने सोचा, तुम्हारी सब पेंट कमीज,
पुरानी हो चुकी हैं,
नयी रखनी पड़ेंगी,

बाज़ार की तो तुम पहनते नहीं थे,
और मेरे पास समय नहीं था,
सोचा, ऐसा करती हूँ,
दर्जी से सिलवा देती हूँ इस बार,
दर्जी को नाप दे आयी तुम्हारा...

और जब बनकर आये कपड़े,
तुम्हें पहनने को दिए मैंने,,

तुम अभी ज्यादा स्वस्थ नहीं थे,,
जैसे ही कमीज पहनने को दी,,
तुम एक दम बोल उठे,,
ये किसने बनाई ?
मैंने बोला, 'मैंने और किसने' ?
तुमने कहा, हो ही नहीं सकता,
ये तुम्हारी बनाई है ही नहीं,
मैं नहीं पहनता,
तुमको पता है मेरा,
मैंने लाख कोशिश कर ली...
तुम नहीं माने..
और मैंने रात भर बैठ कर,
तुम्हारे लिए कपड़े बनाये,
और वही पहनकर हटे तुम,,

कितना प्रेम था तुम्हें मुझसे,
मेरे हर एहसास को,
कितनी जल्दी महसूस कर लेते थे तुम,
इतने अस्वस्थ होकर भी,
तुम्हें ये भी पहचान आ गयी,
कि इन कपड़ों पर किसके हाथों का स्पर्श है,
तुम्हारा यही प्रेम तो मुझे अंतर्मन तक छू गया ....

25. परीक्षा की तैयारी

तुम्हें याद है...
मैं तुमसे हमेशा बोलती थी,,
कि मुझे आगे पढ़ाई पूरी करनी है,
शादी के बाद भी,
और तुमने बोला था,
बिलकुल करना,
मैं हमेशा साथ दूंगा तुम्हारा,
तुमने दिया भी,,

मुझे वो वक्त अब भी याद आता है,
जब मैं अपनी आगे की पढ़ाई के लिए,
परीक्षा की तैयारी कर रही थी,
हर बार परीक्षा देती,
रैंक भी अच्छा आ जाता,
पर धोखेबाजी के चलते,
मेरी बारी नहीं आ पाती थी,
चार वर्ष ऐसे ही बीत गए,
मैं होंसला हार गयी थी,
और मैंने तय कर लिया,
बस अब नहीं देना और इम्तिहान,
नहीं करनी और पढ़ाई, ,,

चौथे साल में,
एक यूनिवर्सिटी का नोटिस आया,
दाखिले के लिए,

तुमने मुझे बताया, और बोला कि इसे भरो
मैंने मना कर दिया,
अब नहीं बस,
रहने दो तुम,
अगले दिन, तुम बिना मुझे कुछ बोले चले गए,
मुझे लगा, अपने काम से गए होंगे,
पर जब वापिस आये,
तो हाथ में कुछ कागज़ थे तुम्हारे,,
मैंने पूछा, तो बोले, 'ये लो फॉर्म'
अगले हफ़्ते ही पेपर है, जल्दी भर देना,
और मना न करना,
समझ लेना, ये मेरा जन्मदिन का तोहफ़ा होगा,,,

तुम्हारे कहने पर,,
मैं मान गयी,
और, भर दिया फॉर्म,
पेपर भी हो गया,,
इतनी तैयारी कहाँ थी मेरी,,
बस इक तुम्हारे लिए मान गयी थी,,
और कितने आश्चर्य की बात हुई,,
मैं पास हो गयी, और अच्छा रैंक भी आया,,
और मुझे दाखिला भी मिल गया,,
तुमने फीस भी इक्क्ठी की मेरे लिए,,
जाने जैसे कैसे...

तीन साल की पढ़ाई थी,,
सोचती थी, घर के साथ साथ कैसे होगी?
पर तुम्हारे साथ ने,,,
सब कुछ आसान कर दिया,,

और मैं अपना ख़्वाब पूरा कर पाई,,

आज तुम नहीं, पर जो भी हूँ मैं,,
तुम्हारी ही बदौलत,,
तुम्हें कैसे मेरी हर छोटी से छोटी,,
ख़्वाहिश का ख़्याल रहता था,
किस तरह तुमने मुझे,
इतनी गहराई से समझा,
तुम्हारा जो भी उपकार रहा,
शब्दों में बयान नहीं कर सकती.
कभी नहीं, कतई नहीं...........

26. बेरंगी होली

होली आयी,
रंग भरे पल लेकर,
हर ओर उड़ता गुलाल,
रंगों की धमाल,

धानी चुनर ओढ़े,
सब प्रेयसियां झूम रही थी,
अपने प्रियतम के नेह भरे रंगों में भीगे,
कोई लाल रंग में भीगा,
कोई नीला, कोई पीला,
पर सब रंगों पर एक ही रंग...
प्रेम का चढ़ा,,,

और मैं .. दूर कोने में बैठे,
तुम्हारी राह देख रही थी,
रंगीन होकर भी आज सब कुछ,
बेरंगी सा नज़र आता था,
हर ओर शोर था,
पर मेरे लिए सन्नाटा था...

उड़ता गुलाल भी खल सा रहा था,
सफ़ेद लिबास में लिपटे,
मैं तुम्हारे ही ख्यालों में खोयी,
तुम्हें ही निहारे, इसी इंतज़ार में,
कि कब तुम आओ..

और अपने नेह के रंगों से,
मेरा आँचल रंग डालो,

बरसों बीत गए.. मेरा आँचल,,,
आज भी सफ़ेद ही है.. बेरंग..
जिसपर किसी का रंग नहीं चढ़ सकता........

27. चारपाई

ये वही चारपाई है...
जिसपर तुम रोज़,
आकर सोते थे,

घर में इतने बिस्तर थे,
पर तुम्हें जाने इसी चारपाई पर,,,
नींद आती थी,
दिन भर की थकान के बाद,,
बस तुम बोल देते थे,,
मेरी चारपाई लगा दो,
और सुकूँ से सो जाते थे...
तुम ये भी बोलते थे,
देखो, यह चारपाई..
कभी किसी को देना मत मेरी,

आज देखो....
तुम्हारे जाने के बाद,
ये चारपाई,
यूँ ही खड़ी है,
सबने बोला, इसको दे दो,
किसी ज़रूरतमंद को,
पर मैंने देने न दी...
क्यूँकि इसमें तुम्हारी यादें हैं बसी...

घंटों इसके पास बैठकर,

मैं तुमसे बातें करती हूँ,,
इससे पूछती हूँ,
कि इसको नहीं तुम्हारी याद आती कभी ?
ये खामोश सी खड़ी रहती है,,
और इसकी ख़मोशी,,,
बहुत कुछ बयाँ कर देती है..

आज भी ये चारपाई ,,,
यूँ ही खड़ी है
यूँ ही खड़ी है....

28. तुम्हारी आदत

तुम्हें याद है ?
तुम कभी अपने कपड़ों को,,
हाथ तक नहीं लगाने देते थे,,
चाहे वो, पहनने की बारी हो,
धोने की, या रखने की/
हमेशा खुद ही धोते,
प्रेस करते, खुद ही रखते,
अपनी अलमारी में,,

मुझे पहले थोड़ा अजीब लगता था,
पर धीरे धीरे समझ आने लगा,
ये तो तुम्हारी एक आदत थी ..
हाँ बच्चे ज़रूर सोचते थे.
पापा की क्या ये आदत है ?

तुम्हारी और भी ऐसी ही थी एक आदत
किसी चीज़ को हम नहीं छेड़ सकते थे,
तुम्हारी अनुमति के बिना,
डर लगता था, पर आदत पड़ गयी हमें..

और देखो ना ,,,
जब तुम हमें छोड़कर चले गए,
तुम्हारे वही सारे कपड़े,
हमें देने पड़े किसी को,
आज भी जब हम,,

उन्हें छू रहे थे,
तो तुम्हें याद करते,
कहीं तुम आ न जाओ,
और बोलो
"ना, मैं खुद करूँगा "
आदत जो थी हमें..

पर आज तुम नहीं,
तुम्हारे कपड़े हैं,
तुम्हारी चीज़ें हैं,,
तुम्हारी याद है
पर तुम्हारी मर्ज़ी नहीं आज,

कभी कभी ख़्याल आता है,,
इंसान भी कैसा होता है न?
जीते जी अपनी मर्जी करता है,
और उसके जाने के बाद,
उसे पता भी नहीं कि,,
क्या हो रहा है, उसकी चीज़ों के साथ?

आज नहीं आओगे क्या ?
अपने कपड़े खुद समेटने,
आ जाओ,
मेरे से नहीं होते ये,,
तुम्हारी तरह सटीक............

29. अजीब बातें

आज पता नहीं,,,
तुम कैसी अजीब सी,
बातें कर रहे थे,,,
कभी बोलते कि,
अगले जन्म में 'तुम' 'मैं' बनोगी
और 'मैं', तुम,,
और मैं तुम्हारी बहुत सेवा करूँगा,
जैसे तुम मेरी करती हो..

कभी तुम कहते,
"आज यहीं बैठी रहो, कहीं ना जाना,
मुझे ढेरों बातें करनी हैं तुमसे"

"अच्छा ऐसा करना आज ख़ीर बनाना,
मेरी पसंदीदा"
नजाने और क्या क्या..

मुझे कुछ अजीब सा लग रहा था,
जैसे पता नहीं कुछ ठीक सा नहीं,
दिन निकल गया,
पर दो दिन बाद ही तो,,
तुमने हमेशा के लिए,
चुप्पी साध ली,
जैसे कि सारी बातें,
तुम्हें तभी करनी थी..

क्या तुम्हें मालूम था ?
कि तुम हमें छोड़कर जाने वाले हो ?
क्या सोचकर तुमने वो सब बाते की ?
कल ही तो तुम्हें खीर खिलाई थी,
आज फिर क्यों मांगी तुमने ?
बताओ ना ?
कहाँ हो तुम ?

आ जाओ, मैंने आज भी वो खीर बनाई है..
आओ दोनों मिलकर खाएंगे,
तुमने तो बोला था,
जन्म जन्म का साथ होगा हमारा,
फिर कहाँ गयी वो सब बातें तुम्हारी ?
बोलो, कुछ तो बोलो ……….

30. वो पार्क

सबको पता था कि,,
तुम बहुत सैर करते थे,,,
कभी स्कूल की तरफ़,, मीलों दूर पैदल ही चले जाते,
कभी बाज़ार की ओर, कभी हाईवे के किनारे,
कभी अपनी गली में,
सारे शहर को पता था..
इनके जितना सैर और व्यायाम..
नहीं किसी ओर को करते देखा आम..

एक दिन तुमने एक नया स्थान चुना..
वो पार्क, जो किसी ने तुम्हें बताया था..
तुम अब वहीं जाने लगे थे।

उस दिन मुझे किसी काम से,
उसी ओर जाना था,
पर सुबह के समय,,
तुम्हारा सैर करने का समय तो..
शाम का था अकसर..

जब मैं उधर से गुज़री
देखा, यह तो बड़ा अजीब सा रास्ता है,
कितनी गंदगी है यहां,
तुम कैसे सैर करते होंगे इस जगह पर ?
मैं सारे रास्ते बड़बड़ाती हुई आई,
आकर तुमको झट से पूछा,

अरे, ये कैसे पार्क में जाते हो तुम?
वहां तो इतनी धुल मिट्टी है,
न शुद्ध हवा, न रौशनी,,,

तुम एक दम, हँसते हुए बोले,
अरे, वो तो तुम्हें बाहर से लगा होगा,
तुम मेरे साथ चलना कल,
मैं दिखाऊँगा तुमको,
कि वो कितना हरित,
सुंदर और साफ़ है भीतर से,
तुम भ्रमित हो रही हो बेवज़ह..
वहाँ तो छोटे छोटे बच्चों को भी,
लाते हैं सभी अपने साथ,

मैंने भी बड़े ज़ोर से हाँ भर दी,
ठीक है, चलूँगी कल, पक्का.
आज तुम अकेले चले जाना,
आज शाम को बच्चों का वीडियो कॉल आएगा..

शाम होते ही, तुम चल दिए,
मुस्कुराते हुए,,,
और जाते, जाते बोले,,
आज मेरा इंतज़ार मत करना,,
मैं थोड़ा देरी से आऊँगा,,
क्यूंकि देरी से जा रहा हूँ,,
इतना कहकर चले गए तुम..
पर कभी लौट कर न आए,,

तुम्हारे जाने के बाद...

गयी थी मैं उस जगह,
देखने, कि जो तुमने बताया,
क्या वैसा था वो पार्क ?

देखकर अचम्भित हो गयी,
ये तो वाकई में ही इतना सुंदर है,
तुम सही कहते थे,,
बाहरी दशा देखकर मैं,
भ्रमित हो गयी थी,
कितने लोग मिले वहाँ,,
सबने तुम्हारे बारे पूछा
पर किसी को ख़बर तक नहीं थी,
तुम्हारे जाने की,,

कितनी बातें बताई उन्होंने तुम्हारी,
और सबको मेरे बारे में भी पता था,
तुमने उनसे हमेशा मेरी बातें जो की,
तारीफ़ों के पुल बाँध दिए,
कैसा वायदा करके गए थे तुम?
साथ ले जाने का?
और वो शाम आयी ही नहीं,,,

आज, ये पार्क भी किसी न किसी रूप में,
तुम्हें याद करता है,
यहां रौनक तो है, पर फिर भी सूना, तुम्हारे बिना
किस पार्क में चले गए तुम ?
मुझे यहाँ छोड़कर ?...........

31. चित्रकारी प्रतियोगिता

मैं पेंटिंग्स बनाती थी,,,
तुम्हें मालूम था,,,
उस दिन, याद है ?
हमारी कॉलोनी में,
धूम्रपान दिवस पर,
एक चित्रकारी प्रतियोगिता,
का आयोजन रक्खा गया...

तुमने आकर मुझे बताया,
और हिस्सा लेने को बोला,
मैंने कहा "बस अब क्या हिस्सा लेना,
घर के कामों में, फुरसत कहाँ"
तुमने ज़िद्द की ,,,
और प्रोत्साहित किया,
मैं भी मान गयी,,

तुमने सारा सामान लाकर दिया मुझे,
मैंने सोचा, थोड़ा प्रैक्टिस कर लूँ,
कागज़ पर बनाने की चेष्टा कर रही थी,
तभी तुमने कहा,
ये क्या बना रही हो ?
ऐसा करो ये बनाओ,,,

मैंने पूछा, इसमें क्या कमी है ?
तुमने बोला

"कमी कुछ नहीं, बस मैंने अपना सुझाव दिया"
बाकी तुम्हारी इच्छा,
और तुम मुस्कुराकर चल दिए,
मैं भी यूँ ही मंद मंद मुस्काती रही,
प्रतियोगिता का दिन आ गया,
और जानते हो?
मैंने वही बनाया, जो तुमने बताया था,
तुम्हें याद करके, तुमपे भरोसा करके,,,

परिणाम आने वाला था...
मन ही मन भय भी लग रहा था,
बाकी सबके चित्र कितने अच्छे थे
खैर, मैं इंतज़ार करती रही...
तुम्हारा भी बार बार फ़ोन आता रहा,
और इंतज़ार की घड़ी अब ख़त्म हुई,

जज आये और सबके चित्र देखे,
मेरे पास जब वे आये,
तो कुछ बोले नहीं,
बस देखकर चल दिए,
मुझे लगा पता नहीं इनको पसंद भी आया या नहीं?

थोड़ी देर में...
परिणाम घोषित हुआ,
सब नाम बोले,, पर मेरा कहीं नाम न था,
मैं मायूस होकर जाने लगी,
और तभी पहले नाम की घोषणा हुई,
जो कि मेरा था,
मैं ख़ुशी के मारे,,

कुछ समझ ही न पायी,,,
ये हो क्या गया ?
पर दिल के किसी कोने में
तुम्हारी च्वाइस पर यकीं भी था मुझे..
देखो, तुम्हारा दिया सुझाव,
क्या रंग लाया /

तुम्हीं ने प्रोत्साहित किया,
तुम्हीं ने मार्ग दिखाया,
और उसका ये परिणाम पाया,
मैंने तुरंत तुमको फ़ोन लगाया,
और तुम्हें बताया,
निर्णायक मंडल से मैंने गुज़ारिश की,
कि तुमको बुलाऊँ, और,
यह पुरस्कार तुम्हारे हाथों पाऊँ,,,

तुम आये, और मेरी आँखों से,
ख़ुशी के आंसू टपटपाए,
तुम्हारा साथ,
एक तोहफ़े से कम नहीं था मेरे लिए
आज तक वो पेंटिंग,
हमारी कॉलोनी के मुख्य ऑफिस में
टंगी है,
तुम नहीं हो,
पर तुम्हारी झलक यहीं है..........

32. मेरी पायल

वो दिन मुझे,
आज भी याद है,,
जब तुम अस्पताल में थे,
काफी चोट आई थी तुम्हें,
जब होश में आये,
तो तुमने डॉक्टर से बोला,
मेरे से मिलने को,
मैं नहीं देख सकती थी,
तुमको,, उस हाल में,
पर डॉक्टरों के कहने पर,
आना पड़ा मुझे,,

जैसे ही मैं तुम्हारे कमरे में पहुँची,
तुम ख़ामोश थे,
जब तुम्हारे करीब आयी,
तब तुम्हें लगा मैं नहीं आई,
तुमने धीमे से बोला,
"कौन है ?"
मुझे हैरानी सी हुई
सोचा, अभी पूरा होश नहीं आया होगा
जब मैंने बोला "मैं हूँ "
तो तुमने कहा " तुम", हो ही नहीं सकता,
तुम्हारी पायल की आवाज़ ?
वो तो सुनाई नहीं दी मुझे,
ओह, "वो मैंने उतार रखी है"

क्यों उतारी ?
वो तुम नहीं थे न पास मेरे, इसलिए,,,

"तुम्हें पता है न,
तुम्हारी पायल की आवाज़ सुने बिना
मेरा दिन नहीं कटता
जाओ अभी पहन के आओ",,

मैंने बोला, कोई नहीं,
पहले तुम ठीक हो जाओ
फिर पहन लूँगी,,,

पर तुम तो अपनी ज़िद्द पर अड़े,
तुरंत बुलाया रवी को,
जाओ माँ की पायल ले आओ घर जाकर,,

मैंने वो पायल पहन ली,
और तुम,,, इतने खुश
मानो तुम्हें पता नहीं क्या मिल गया,
तुम्हें मेरी पायल की आवाज़ इतनी भाती थी,
मुझे नहीं मालूम था,,

तुम जानते हो ?
आज भी मैं वो पायल पहनती हूँ,
सोचती हूँ ,,,कहीं से तुम आओगे,
इसकी झन झन सुनकर
ये पायल नहीं ,
तुम्हें बुलाने का एक ज़रिया है,,

और एक बात बताऊँ,

इसकी चमक थोड़ी कम हो गयी है,

वक्त के साथ,,

सब ने बोला, नई ला देते हैं,

पर मैंने इसे नहीं बदला,

क्यों बदलूँ? इसमें तुम्हारी झलक जो है,

तुम्हारा प्रेम, तुम्हारी याद .....

33. फैशन शो

याद है तुम्हें ??
नया साल आ रहा था,
अपनी सोसाइटी में,,
एक आयोजन रखा था,, 'फैशन शो' का,
और ये शो हम जैसे दाम्पत्तियों के लिए था,
बच्चों ने ज़िद्द की,
कि हम भी इसमें भाग लें,
मैं तो जैसे कैसे मान गयी,
पर तुमको कैसे मनाये कोई ?
तुम कहाँ रोमांटिक थे इतने ?
मुझे आगे कर दिया सबने,
तुमसे बात करने को,,,

मैं डरते डरते गयी तुम्हारे पास,
और तुमसे सारी बात बोली,
तुम एक दम बोल उठे,
तुम सठिया गयी हो क्या,
इस उमर में हम ये करेंगे ?
जाओ, मेरा दिमाग ना खाओ,
मैं भी डर गयी,
और एक सीडी लायी थी,
तुम्हें बोला कि इसे देख लेना,
और तैयारी कर लेना,
बस रखकर चली गयी,,,

कुछ समझ नहीं आ रहा था,
कैसे भाग लेंगे,
बच्चों को मना कर दिया मैंने,
वो नहीं करेंगे,
हमारा नाम हटवा देना,,

रात को कमरे में जब आई,
तो मैं बिन कुछ बोले सो गयी,,
अचानक, एक रौशनी सी चमकी कमरे में,
मेरी आँख खुल गयी,,
'देखकर हैरान हो गयी मैं '
तुम शो की प्रैक्टिस कर रहे थे,
मेरी हँसी न रुक रही थी..
मैं चुपचाप तुम्हें देखती रही,
और अनजान बनकर सो गई,,

सुबह उठी, तो मैंने बोला,
मैंने बोल दिया बच्चों को,
नाम हटवाने को हमारा,
तुम भी चुप चाप,,
अपनी चाय पीते रहे,,
मैं भी मन ही मन मुस्कुराती रही,,

प्रतियोगिता आ गयी,
तुम सुबह सुबह जल्दी तैयार हो गए,,
मुझे कहते "तुम तैयार नहीं हुई अब तक "
कहाँ जाना ?
अरे प्रतियोगिता में ?

मैंने बोला, 'मैंने तो नाम कटवा दिया',

तुम मेरा हाथ पकड़कर,
गाड़ी की ओर ले गए,
जब मंच पर हमारा नाम घोषित हुआ,
सबको डर लग रहा था,,,
पता नहीं तुम क्या करोगे?
पर तुमको उस चमचमाते सूट बूट में देखकर,
सब हैरान,,,
तुमने मेरा हाथ थामा,
और बिलकुल वैसे ही चले,,
जैसे किसी फैशन शो में होता,,

तालियों की गूँज से सारा हाल गूँज उठा,,
तुम्हारा यह अंदाज़ किसी ने न देखा था आज तक,
और,, उस से भी आश्चर्य की बात,
हम प्रतियोगिता के बने विजेता उस रात...
तुमने कर दिखाया कमाल,,

वो तस्वीरें आज भी,
मेरी अलमारी में पड़ी हैं,
जिनको देखे, तुम्हें याद कर लेती हूँ,
किस तरह तुमने, मेरी हर ख़्वाहिश को,
समझने के कोशिश की,
उसका मान रखा ....

34. शादी की सालगिरह

वो दिन,,,
हमारी शादी की सालगिरह,
सबने सोचा,,
इस बार धूम धाम से मनाएँगे,
हम दोनों को ठीक वैसे ही,,
तैयार किया,,
जैसे अपने विवाह के दिन,
तुम उस शेरवानी में,
इतने अच्छे लग रहे थे,
और मैं उसी लाल साड़ी में,,
बच्चों ने अंताक्षरी का आयोजन रखा,
अब तुम्हारी बारी आयी,
मैंने सोचा, तुमको कहाँ गाना आएगा?
तुमने कहाँ कभी कुछ गाया ?

पर यहां तो कुछ और ही हुआ,
जैसे ही तुम्हें माईक पकड़ाया,
तुमने मधुरिम गुनगुनाया,
और सबसे ख़ास बात...
वही गीत सुनाया,
जो हमेशा मेरे मन को भाया,,

मैंनें तो कभी न जाना था ,
तुम में यह हुनर भी छिपा था,,
मैं तुम्हें देखती ही रही,,

खुद की ख़ुशी रोक न सकी,,
और सबके सामने ही,,
तुम्हारे गले लग पड़ी,,,

आज तक वो गाना,,,
मेरे कानों में गूंजता है,,,
पर एक सवाल था मन में,
तुम्हें तो गाना आता नहीं था,,
फिर ये कैसे गाया तुमने?

आज जब तुम्हारी अलमारी देख रही थी,,
तो उसमें कुछ पन्ने मिले,
और एक सी डी,,
पन्नों पर उसी गीत के स्वर थे,,
सी डी में भी वही गीत,,

और तुमने लिख रखा था अपनी डायरी में,,
ये गीत तुम्हारे लिए प्रिये,
हमारी सालगिरह आने वाली है ना?
तुम्हें यही तोहफा दूंगा,,

मेरी आँखों से जलधारा बहने लगी,,
तुम्हारा निश्छल, निर्मल प्रेम भाव,,,
कहाँ कभी मिल पाएगा मुझे दोबारा,
आंसू ख़ुशी के थे, या गम के,,
नहीं मालूम, बस बहते ही रहे,,
तुम्हें याद करते ही रहे ....

35. वो तीज

वो याद है तुम्हें ??
जब हमें मुंबई जाना पड़ा,
हमारा सब सामान,
चोरी हो गया,
खाने को पैसे नहीं थे,,
क्या करते ?

तुमने मेरे लिए,
एक कुली बनकर सामान ढोया,
जब उस इंसान ने,
तुम्हें पैसे दिए,
तुमने मना कर दिया,
मैंने बोला, क्यों मना किया?
आखिर हम करेंगे क्या?
तुम चुप रहे,
तुमने उसको बोला,
भाई साहब, ये पैसे आप रख लो,
मेरी एक इच्छा है,
इसके बदले हो सके तो वह पूरी कर दो,
मैं हमेशा अपनी पत्नी के हाथ की
बनी चाय पीता हूँ,
अगर आप उसको अपने ढाबे में,
चाय बनाने दो,,
बस मुझे और कुछ नहीं चाहिए,,

मैं उस क्षण में इतनी भावुक हो गयी,
ये सोचे, कि तुम्हारा साथ मेरे लिए,
एक अमुल्य तोहफ़ा है,,
मैंने चाय बनाई,,
और तुमने हर घूँट का आनंद लेते हुए पी,,

आदमी बोला, अभी पैसे बाकी बचे तुम्हारे,
तुमने वो पैसे लिए, और हम चल दिये..

रास्ते में बहुत चहल पहल नज़र आयी,
तुमने इधर उधर नज़र घुमायी,
'लगता है कोई जलसा है यहां' ?
मैंने बोला, "जलसा नहीं, तीज का पर्व है"
भूल गए? तुम हर बार मेरे लिए चूड़ियाँ लाते हो.
"अरे हाँ, याद आया", ये कहकर
ले गए तुम मुझे चूड़ी वाले के पास
इनमे से जो चाहो ले लो,,
तुम्हें पसंद हैं ना?
"अरे नहीं, पैसे आगे काम आएँगे",
कहकर मैं चुप हो गयी,,

तुम मंद से मुस्कुराकर बोले
"अरे पैसे कमा लेंगे,
जब तुम साथ हो, क्या असम्भव है"
आज के दिन तुम्हारी कलाई सूनी रहे,
ये अच्छा नहीं लगेगा मुझे
और लाल रंग की चूड़ियां मैंने ली,
तुमने अपने हाथ से पहनाई..

वो चूड़ी वाला भी देखता रहा
ऐसा निश्छल प्रेम ,,,
इस बड़े शहर में कहाँ मिलेगा
और जानते हो?
उसने थोड़ा श्रृंगार का और सामान
भी मुझे यूँ ही दे दिया,,

कितनी तीजें पहले भी मनाई तुम्हारे साथ,
पर वो तीज ख़ास बन गयी
तुम्हारे प्रेम की महक
मेरी चूड़ियों में बस गयी
आज तक रखी हैं मैंने वो.. सम्भालकर,,
शायद किसी सावन फिर से तुम आओ,
फिर से तीज तुम्हारे संग हो,
यही चूड़ियां, और तुम्हारे प्यार का रंग हो..........

36. गाड़ी

वो याद है क्या तुम्हें ?
मुझे गाड़ी चलानी नहीं आती थी,
तुमने कहा था,,,
कोई बात नहीं
मैं हूँ ना,
मैं सिखा दूंगा,
पर हमारे पास तो गाड़ी थी ही नहीं...
तुमने बोला कोई नहीं,
मैं ड्राइविंग स्कूल में तुम्हारा दाखिला करवा दूंगा,,
वहाँ भी गए,
और मेरे साथ बैठते थे तुम,
गाड़ी सीख भी गयी मैं,

दिन गुज़रते रहे,
तुमने मेरे लिए नई गाड़ी ख़रीदने की सोची,,
पर मुझे नहीं बताया,
शायद तुम मुझे हैरान करना चाहते थे,,

आज ही देखो, वो गाड़ी घर आयी,
पर अफ़सोस, आज ही तुम चले गए,
मुझे छोड़े हमेशा के लिए,
क्या करूँ इस गाड़ी का मैं, ?

ये ऐसे की ऐसे खड़ी है आज तक,
मेरी गाड़ी तो तुम थे

इसका क्या करना मुझे ?
न मेरे हाथों में अब इतना दम रहा
न पैरों में ,,,
कि चला सकूं अब कोई गाड़ी,
मेरी ज़िंदगी का एक पहिया ही चला गया
गाड़ी कहाँ से चलेगी?
तुम ही बताओ?

आ जाओ, तुम ही तो कहते थे,
तुम्हारे साथ बैठ कर जाया करूँगा हर जगह,
फिर आज अकेले क्यों चले गए ?
वो भी पता नहीं किसकी गाड़ी में ?..........

37. कैसे रिवाज़

देखो न ...
तुम्हारे जाने के बाद...
क्या हाल हो रहा है मेरा ?
एक सुहागन को,,
'विधवा' का नाम दे दिया,
ऊपर से ये कैसे रिवाज़ हैं ?
इस समाज के?

इधर तुम ही नहीं रहे,
और उधर मुझ विधवा को,
नया सूट डालने को बोल रहे,
आज इस रस्म में....
सोने के आभूषण पहना रहे,
और ये और भी अधिक व्यथित,
मेरी झोली में दक्षिणा डाल रहे..

ऐसा प्रतीत होता,
मानो कोई मुझे भिक्षा दे रहा हो,
मैं एक दम बोल पड़ी,
नहीं करूँगी मैं ऐसी कोई रीत,
जहाँ मुझे अपना स्वाभिमान खंडित लगे,
अरे, मैं तुम्हारी पत्नि थी,
तुम्हारे रहते कभी किसी के आगे,
झोली नहीं फैलाई,
आज क्यों?

तुम ही समझाओ इनको ?
ये नव वस्त्र, ये आभूषण ?
क्या करने हैं मुझे ?

जब मेरा आभूषण ही नहीं रहा ..
देखो आज ये मंगलसूत्र भी उतार दिया इन्होंने मेरा,
जो तुमने बाँधा था,
नहीं सही जा रही ये पीड़ा मुझसे,,

इतना विकसित होकर भी,
आज भी यह समाज,,
वैसा ही है,,
खोखला, रिवाज़ों की ज़ंजीरों में बंधा
तुम लौट आओ,
ये सब होने से रोक दो
आओगे ना ?.........

38. विचित्र कौआ

सुनो,
जब भी श्राद्ध के दिन आते हैं,
एक विचित्र सी घटना घटती है,
मेरे कमरे की खिड़की के बाहर,
एक कौआ आकर बैठ जाता है,
वो भी तुम्हारे श्राद्ध वाले दिन...
और वो सिर्फ मुझे ही देखता रहता है,
शांत सा बैठा,
न कोई आवाज़ करता,,
न कोई हलचल
बस खिड़की से,, मुझे ही निहारता,,

मैं उसको कुछ भी खाने को दूँ,
वो बड़े प्रेम से खा जाता,
और तुम्हें पता है?
वो वही चीज़ें बड़े आनंद से खाता,
जो तुम्हें पसंद थी,,,,
मुझे तो ऐसा लगता है,
कि वो कौआ नहीं,
तुम ही आते हो,
मुझसे मिलने,
ऐसे ही थोड़े, वो सारा जग छोड़े,,,
मेरे पास आता है,,

कुछ न कुछ तो है
रिश्ता, उसका और मेरा,
या यूँ कहो, ज़िंदा है आज भी रिश्ता
तुम्हारा और मेरा...

मैंने जब घर में बताया,
किसी को यकीन न आया,
पर जब उन्होंने भी उसको यहां हर बार पाया,
तो सबको समझ आया,
कि ये कोई और नहीं,
ख़ुद तुम ही आते हो....
मुझसे मिलने, मेरी बातें सुनने,,

देखो, मैंने उसकी तस्वीर भी खींची,
अपने मोबाइल में,
और हमेशा अपने साथ रखती हूँ,
तुम्हारी याद बनाकर,,
ढेरों बातें करती हूँ
और मेरा मन,,
बिलकुल शांत हो जाता है.........

39. दशहरा

तुम्हें याद है,,,,
जब भी दशहरा आता,
तुम हमें रावण दहन दिखाने ले जाते थे,
कितनी भीड़ होती थी,
पर फिर भी कभी जाना न छोड़ा...
वहाँ वो ऊँची मंजिलों पर चढ़ना,
आतिशबाजी देखनी,

तुम्हें बहुत आनंद मिलता था,,
हमें बाहर खाना खिलाते,
बच्चों को गुब्बारे, पटाके, खिलौने दिलवाते,
कैसी प्रतिमा बनाते थे,
घर में तुम रावण की,
और ऐसा पूजन करते थे,
जो कोई संत भी क्या करेगा?
सब पूछते थे,
'तुमने कोई शास्त्र विद्या सीखी है क्या'?
और तुम मुस्कुरा देते थे..

आज न वो भीड़ देखने को मिलती,
न वो ऊँची मंजिलें,,
न कोई खाने का चाव
न कोई खेल खिलौने,,,
न वो पूजन कोई कर सकता
न वो प्रतिमा,,,

तुम थे तो हर उत्स्व रंगीन था,
प्रफुल्लित था,
तुम्हारे बगैर, कुछ नहीं...
बस तुम्हारी यादें, तुम्हारी बातें रह गयी,
कहाँ से लाऊँ तुम्हें खोज कर ?
कैसे मनाऊँ वो पर्व, वो खुशियाँ ?........

40. ये बाग़ीचा

ये बाग़ीचा...
तुमने ही बनाया था,
ख़ास जगह छोड़ी,
नन्हे नन्हे पौधे लगाए,,,
अपने हाथों से रोज़ जल देते,,
और मुझे भी साथ में रखते अपने,,
जाने कहाँ कहाँ से कितनी प्रकार के,,
पौधे, फूल लेकर आते थे तुम...
कई बार तो घंटों यहीं बिता देते,,

और अभी कुछ दिन पहले,
तुमने क्या बोला था ?
क्या याद है तुम्हें ?
देखो ध्यान से सीख लो...
कैसे इन नन्हें मुन्नों की देखभाल करनी है,
कल को मैं न रहा तो ,,,
मैंने भी मुस्कुराकर बोला
अजी तुम कहाँ जाओगे?
तुम्हीं करोगे इनकी देखभाल,
मेरे से नहीं होता इतना कुछ ..

क्यों बोला था तुमने ऐसा ?
आज तुम सच में चले गए ?
ये पौधे, ये पुष्प, ये पत्ते,
सब तुम्हारी राह तकते हैं,

मैं इनको पानी तो देती हूँ,
पर ये उतना नहीं खिलते,
जितना तुम्हारे स्पर्श से,
तुम्हारा ये बगीचा, है तो आज भी,,,,
मगर तुम्हारे बिना नहीं खिल सकता,,
इसका हर कण बोलता है,,
लौट आओ, कहीं से,
हमें तुम्हारा आलिंगन चाहिए,

काश ऐसा हो जाए..
तुम आ जाओ,,,,
मुझे भी रास आए

41. वो जैकेट

सुनो,,,,
जब भी किसी लड़की की,
शादी तय होती है,
उसको, लड़का कोई न कोई,,
तोहफ़ा देता है,,
और अकसर 'मोबाइल'....

पर हमारे समय में,
कहाँ होते थे वो मोबाइल ?
न ही तुम इतने रोमांटिक थे,,
मैंने तुमसे तोहफ़ा मांगने का ख़्याल,,
मन से निकाल दिया,
और कोई शिकायत भी न की कभी,

जब हम पहली बार मिले थे,
तुमने एक लिफ़ाफ़ा पकड़ाया,
इसमें तुम्हारा तोहफ़ा है, देखो,,
मुझे लगा कोई पर्स लाये होगे,
मोबाइल तो नहीं लगता,
मैंने उसको खोला,
देखते ही मन मेरा डोला,,

एक प्यारी सी,,,
गुलाबी रंग की जैकेट,,
क्रोशिये से बनी हुई..

मैंने बोला, बहुत सुंदर.
कहाँ से लाये हो तुम ?
तुम मुस्कुराये, और कहने लगे,
इसी पर लिखा है पता,
देखो गौर से,
जब मैंने उसे अच्छे से देखा,
तो एक कोने में लिखा था,
'मेड बाय मी'
मैं ज़ोर से हंसने लगी,
ये क्या लिखा है ?
तुम्हें क्या करोशिया चलाना आता है?
और तुम भी मुस्कुराने लगे,
जी हाँ मैडम, हमें बहुत कुछ आता है.
सब लड़कियों को मोबाइल देते हैं,
मैंने सोचा, मैं कुछ ख़ास देता हूँ,
तीन दिन में पूरा किया,
तुमसे मिलना जो था,
मेरे पास तो यही तोहफ़ा है,
आशा है, तुम्हें पसंद आएगा,
मैं दंग, तुमने बनाई ये ?
अरे ये तो रेडीमेड से भी कितनी सुंदर है,
और ऐसा तोहफ़ा तो आज तक,
नहीं पाया मैंने..

तुम्हें याद है,
हमारी शादी के दिन भी,,
यही जैकेट पहनी थी मैंने,
अपने लहंगे के ऊपर,
जब इतनी ठंड पड़ गयी थी अचानक,,

और वो पहन कर ही,,,

मैं तुम्हारे साथ पहली बार ससुराल आयी,,

आज भी मैं वही जैकेट पहनती हूँ,,

और वो तुम्हारा 'मेड बाय मी' भी आज तक

वैसा ही रखा हुआ है.........

42. फोटो का शौक

याद है तुमको?
जब भी मैं तुम्हें,
फोटो खींचने को बोलती,
तुम नाराज़ हो जाते,
और कहते, कि मेरे को शौक नहीं..
मेरे सामने ज़िद्द न किया करो,,,

मैं भी समझ गयी,
तुमको नहीं बोलूंगी कभी,,,
कि फोटो खींचें अपनी,
पर सच कहूँ?
मेरे दिल को बहुत ठेस लगती थी,
क्यूंकि मुझे तो बहुत शौक था,
फोटो खिचवाने का,
खैर, मैंने खुद को समझा लिया,,,
मुझे याद है, हमारी शादी में भी,,
तुमने कहाँ कोई फोटोग्राफर बुलाया था,
और एक भी एलबम नहीं बनवाई,
ज़िंदगी यूँ ही बीत गयी,
तुम ही चले गए, अब फोटो का क्या करती?

आज तुम्हारे मेज की सफ़ाई कर रही थी,
उसके दराज़ में कुछ भारी सी चीज दिखी,
सोचा देखूं तो सही, क्या है इसमें,
जब खोला, तो एक बड़ी एलबम थी,

जिसमें हमारी ही तस्वीरें थी,
और आश्चर्य की बात, ये थी,
कि उनमें एक एक पल की यादें थी.
हमारे जीवन के ख़ास मौकों की,
मैं उन सबको देख,
अंतर्मुग्ध हो उठी...
ये कौन सा रहस्य था अब ?
तुमने कब खींची ये तस्वीरें ?
कब इस एल्बम को बनाया ?
आज तक तो मैंने ये कभी देखी न थी,
फिर कहाँ से आयी ?

जब और गहराई से देखा,
उसमें एक पन्ना था,,, पिछली तरफ़
जिसमें लिखा था,,
"ये तुम्हारे लिए है एल्बम,
या यूँ कहो कि मेरी दुनिया"
तुम सोच रही होगी, ?
मैं क्यों कभी फोटो नहीं लेता था तुम्हारे साथ"
वो इसलिए,
कि मुझे भय था,
कहीं मेरे सिवा कोई और तुम्हें न देखे,
और जब मैं चला भी गया,
तो तुम्हारे साथ रहूँगा हमेशा,
इन तस्वीरों में,
और तुम जी लोगी अपना जीवन बिना मेरे,,

एक एक तस्वीर को देखे मैं निहारती रही,
आज जब मन तुम्हें याद करता है,

डॉ. सोनिया गुप्ता

खोल लेती हूँ यह एलबम,
जो तुम्हारी दुनिया ही नहीं,,
मेरी भी दुनिया है ....

43. ये आईना

ये आईना,,,
मैं रोज़ निहारती हूँ इसे,
पर कितना अजीब है देखो....
मुझे इसमें अपनी सूरत नहीं,
तुम्हारी ही झलक नज़र आती है,
संवरने की तो मुझे ज़रूरत ही नहीं पड़ती,
मैं ख़ुदबख़ुद संवर जाती हूँ,...
तेरे तस्सवुर में खोकर,
और संवरना चाहती हूँ,
संवरना तो इक बहाना है पिया..
सच तो ये है..
मैं तुझमें खो जाना चाहती हूँ
तुझे याद करके
खुद को भूल जाना चाहती हूँ ....

44. तुम्हारी नाराज़गी

सुनो,,
जब तुम मुझसे नाराज़ होते थे ,
ऐसा लगता था,
सारा ज़माना ही रूठ गया हो
क्या तुम्हें बहुत आनंद मिलता था
रूठने में मुझसे?

तुम तो कहते थे कि
पल में मान जाते हो तुम
फिर मुझसे क्यों इतने खफ़ा ?
पर एक भेद मैंने समझा है,
जब भी रुसवा होते ,
अपनी पसंदीदा खीर बनाने को बोलते

आज समझ आया..
वो तुम्हारा गुस्सा नहीं
तुम्हारा मेरे लिए प्रेम ही होता था
मेरे हाथों से बनी खीर खाने का..
तुम और तुम्हारा प्रेम,
दोनों,, छिपे रुस्तम.........

45. अद्धभुत बंधन

हमारे बीच बहुत बहस होने लगी थी,
जाने किस वज़ह को लेकर,,
तुम बहुत चिल्लाने लग गए थे
मैं कुछ समझ ही न पाती,
आखिर हुआ क्या ?
उस दिन तुमने गुस्से में फ़ोन काट दिया,
और दुबारा बात नहीं हुई,

मेरी तबियत तो पहले ही ख़राब थी,
उस रोज़ ज्यादा बिगड़ गयी,
जाना पड़ा मुझे अस्पताल,
बुरा था मेरा हाल,
न निकलते थे अल्फ़ाज़,

जाने से पहले, सोचा,,
तुम्हें मैसेज ही छोड़ दूँ,
जाने के बाद कई मैसेज आते रहे तुम्हारे,,,
पर फ़ोन कहाँ होता था मेरे पास,
अस्पताल के बिस्तर पर लेटे,
एक ही आता था ख्याल,
कैसा है ये अद्धभुत बंधन हमारा ?
चाहे हो जाए कितना भी मन मुटाव,
पर दूरियां नहीं आने देते तुम कभी,
हमारे दरम्यां,,

डॉ. सोनिया गुप्ता

जब थोड़ा ठीक होकर घर आई,
सबसे पहले तुम्हें कॉल लगाई,
और तुमने फ़ट से मेरा फ़ोन उठा लिया,,,
मानो मेरी ही राह तक रहे थे तुम,
आधा घंटा बात की हमने,
और ऐसा लगा ही नहीं,
कि कोई बहस हुई भी थी,
हमारे बीच...

तुमने प्यार से कहकर फ़ोन रखा,
अपना ध्यान रखना, फ़ोन करती रहना,
वो पल मानो थम सा गया,
अपनी ज़िंदगी जी ली मैने उन पलों में,

आज भी कितनी बार लड़ते है,
झगड़ते हैं, पर फिर भी तुम्हारा प्रेम मेरे लिए
कभी बदला नहीं, न ही कम हुआ
अपितु और भी गहरा हो गया
यह बंधन...

तीन महीने तुमसे दूर रही,
पर एक एक पल तुम संग जीया,
तुम्हें याद कर अस्पताल का घूँट पीया,
बस और क्या बयाँ करूँ,,
यूँ ही संग रहना,,
हर मोड़ पर ऐ मेरे पिया.......

46. आखिरी करेले

तुम्हें याद है ?
तुम्हें करेले बनाने का,,
बड़ा शौक था...
हर दूसरे, तीसरे दिन,
ले आते थे करेले,
और खुद ही बनाते थे..

उस दिन,
काफी दिन बाद समय मिला तुम्हें,
और तुमने मुझे बोला,
कल मैं बनाऊँगा करेले,
तुम्हारी रसोई की छुट्टी,
मैं भी खिलखिलाकर बोली,
अच्छी बात है,
मेरी मौज...
तुम इतने सारे करेले ले आए,
"इतने क्यों उठा लाये"
'अच्छे थे आज, भाव भी ठीक था
इसलिए ले आया'
मैंने बोला, चलो ठीक है,
फ्रिज में रख दिए, बड़े चाव से,,

रात को नींद भी,
पता नहीं आएगी या नहीं?
सुबह हुई तो कोई आ गया घर,,

तुम्हें मिली नहीं फुरसत,,
मैंने कहा, मैं बना दूँ जाकर,,
झट से बोले, तुम अपना काम करो,,
शाम को बना दूँगा,,
सैर से आकर,,

पर, वो घड़ी आई ही कहाँ ?
वो करेले, सब फेंकने पड़े बाहर,
तुम्हारे साथ साथ, वे भी चले गए,
जैसे कि उन्हें मालूम था,
कि बिना तुम्हारे उनको कोई नहीं बना सकता..
तुम्हारे हाथ की उन्हें आदत जो हो गयी थी..
उस दिन के बाद न घर में कोई करेले लाया,
न किसी ने उनको बनाया,..

कितने किस्से गिनवाऊँ मैं तुम्हें ?
हर किस्से में कुछ न कुछ छिपा नज़र आता है,
तुम्हारी बोली बातों का मतलब आज समझ आता है........

47. पच्चीसवीं सालगिरह

वो पल,
अभी भी याद है मुझे...
जब हमारी शादी की,,
पच्चीसवीं सालगिरह थी,,
वो लाल साड़ी,
जो तुम मेरे लिए लाए थे,
तुमने खुद उसपर सितारे लगाए थे,
साथ में उसके वो हीरों का हार,
लाल लाल श्रृंगार,

मैंने पुछा,
आज करवाचौथ है क्या ?
बोले 'हमारी सालगिरह, उससे कम है क्या?"
उस दिन आयोजन में,
यही साड़ी पहनना तुम,,,

मैंने बड़े प्यार से वो साड़ी अंदर रखी,
और मन ही मन खिल उठी,
कितने अरमान लिए भीतर,
चहकती रही कोयल बनकर,
करे इंतज़ार कब आएगा वो पल,
सजूंगी पहनकर ये साड़ी मैं जब,

वक्त को पर ये शायद न मंज़ूर था,,
उससे पहले छिन गया सब नूर था

जाने तुम कहाँ गए,,
तुम कहाँ खो गए,
साथ में मेरे सारे अरमाँ गए,

साड़ी भी वो आज न पास है,
सिर्फ होने का तेरे एहसास है,
शायद ख़ुश भी तुम कुछ ज्यादा ही थे,
ज्यूँ जानते सब कुछ तुम पहले से थे,

अब न सालगिरह रही, न करवा चौथ,
एक विधवा का मुझको लग गया है दोष
क्या तुम आ नहीं सकते वापिस ?
फिर से लाना वही साड़ी ,
वही कंगन, वही बिंदी
आओ, मैं राह तुम्हारी तक हूँ रही ....

48. कह न सके

कुछ तुमने कहना चाहा,
कुछ हमने कहना चाहा
पर कह न सके,
वो आख़िरी पल,
तुम्हारी जुदाई के,
हम सह न सके,,
साथ साथ चलते रहे,
ज़िंदगी के सफ़र में,
हमसफ़र बनकर,
हर गम बाँटा, हर ख़ुशी,,,
पर उम्र भर का साथ क्यों नहीं?..
यह समझ न सके..
जानते हैं,,
कोई किसी के साथ हमेशा रहता नहीं,,
पर तुमने तो हमसे..
वायदे किये थे कई..
क्यों वो वादे फ़ल न सके.?
क्यों हम हमसफ़र बन न सके ?
ये साथ था कैसा ?
हम समझ न सके..
फिर भी जानते हुए सब कुछ,
हम रुक न सके,,,

मालूम भी था कि मिलन नहीं.,,
फिर भी संग चलते ही रहे,,

ख़्वाब आँखों में पलते ही रहे,,
लब ख़ामोश ही रहे,,
और.... हम और तुम....
चलते ही रहे,,,
आज तुम चले गए,,
और हम हाथ मलते ही रहे,,,
सब ख़्वाब बिखरते ही रहे.........

49. एक तारा

मैंने सुना है,
जब कोई हमेशा के लिए चला जाता है,
हमें छोड़कर,
तो एक तारा बन कर आकाश में,
चमकता रहता है,
जिसे देखकर हम...
अपने उस शख़्श को,
करीब महसूस करते हैं...

ये भी सुना है,,,
कि अगर कोई तारा टूटे,
तो मनचाही इच्छा मांगो, पूरी होती है। .
पर तुम ही बताओ, तुम्हें टूटता देख,
मैं कैसे अपनी ख़्वाहिश पूरी करूँ?

सही नहीं कहते सब..
गलत हैं..
या तो तुम तारे बने ही नहीं,,
आसमान में चमके ही नहीं,,
या तुम वो तारा नहीं,,
जो टूटकर बिखर जाए,,
तुम तो वो तारा हो,,
जो सदैव मेरे आसमान में,,
टिमटिमाता रहता है,
अपनी रौशनी से,,

उजाला करता है,,
मेरे तम भरे जीवन में,,
लोग तो ऐसे ही बोलते हैं,,
कुछ भी.......

50. किसने कहा

किसने कहा ?
कि तुम चल बसे ?
तुम तो अभी भी ज़िंदा हो,,
मेरी साँसों में,,

क्या अस्थियाँ बहाने से?
अग्नि दाह करने से ?
मर जाता है इंसान ?
तुम तो पर हर पल..
हाथ थामे मेरा..
मेरे साथ रहते हो,,
चाहे दिखाई नहीं देते,,
पर मेरे अंतर्मन की खिड़कियाँ,,
तुम्हें देख लेती हैं रोज़,

तुम्हारी अनुपस्थिति खलती है बेशक
पर तुम तो यहीं हो..
मेरे आस पास,,
कहाँ गए तुम ? कहीं नहीं...
वायदा जो किया था,
साथ साथ रहेंगे,,,
क्या ये सब मैं बेमायने बोल रही हूँ ?
बोलो न? उत्तर दो कुछ...

कुछ अनकहे एहसास
काव्य संग्रह
डॉ. सोनिया गुप्ता